더 컴퍼니
상위 10% 직장인들의 비밀

더 컴퍼니
: 상위 10% 직장인들의 비밀

임원이 되는 사람들이
3년 안에 터득한 일과 관계법

초 판 1쇄 2025년 10월 28일

지은이 원로드
펴낸이 류종렬

펴낸곳 미다스북스
본부장 임종익
편집장 이다경, 김가영
디자인 윤가희, 임인영
책임진행 김은진, 이예나, 김요섭, 안채원, 국소리

등록 2001년 3월 21일 제2001-000040호
주소 서울시 마포구 양화로 133 서교타워 711호
전화 02) 322-7802~3
팩스 02) 6007-1845
블로그 http://blog.naver.com/midasbooks
전자주소 midasbooks@hanmail.net
페이스북 https://www.facebook.com/midasbooks425
인스타그램 https://www.instagram.com/midasbooks

ⓒ 원로드, 미다스북스 2025, *Printed in Korea*.

ISBN 979-11-7355-548-0 03320

값 18,500원

※ 파본은 구입하신 서점에서 교환해드립니다.
※ 이 책에 실린 모든 콘텐츠는 미다스북스가 저작권자와의 계약에 따라 발행한 것이므로 인용하시거나
   참고하실 경우 반드시 본사의 허락을 받으셔야 합니다.

미다스북스는 다음세대에게 필요한 지혜와 교양을 생각합니다.

더 컴퍼니
상위 10% 직장인들의 비밀

원로드 지음

임원이 되는 사람들이
3년 안에 터득한 일과 관계법

THE COMPANY

미다스북스

추천사

이 시대에 꼭 필요한 책이라는 생각이 듭니다. 요즘 취업이 '하늘의 별 따기'라고 하는데, 어렵게 입사한 직장을 불과 1~2년 만에 퇴사하는 경우가 많습니다. 신입 직원의 입장에서는 분명 불만이 있어 퇴사를 결정했겠지만, 안타까운 경우가 많아 보입니다. 그 고비만 잘 넘기면 큰 재목으로 성장할 수 있었을 텐데 아쉽습니다.

잘 아는 지인에게 들은 이야기가 있습니다. 오랜만에 꽤 괜찮아 보이는 신입 직원이 들어왔는데, 그 지인이 훗날 회사의 간부로 키워야겠다는 생각에 엄하게 훈련을 시켰다고 합니다. 그런데 그 신입 직원이 이를 직장 내 괴롭힘으로 신고하고 퇴사했다는 이야기를 들었습니다. 그 임원은 매우 당황하며 직원 훈련을 포기하고 싶다는 심정을 내비쳤다고 합니다. 하지만 기업은 회사에 꼭 필요한 인재를 육성해야만 합니다. 이 예시에서 볼 수 있듯이 시대도 변하고, 사람도 변하고, 조직도 변했습니다. 이러한 대변화의 시대에 현장에서 꼭 필요한 지침서라는 생각이 들어 이 책의 출간이 여간 반갑지 않습니다. 제가 저자를 오랫동안 알고 지냈는데, 정말 대인관계가 뛰어나고 다양한 분야에서 현장 경험이 풍부한 분입니다. 어떤 문제든 해결에 대한 명확한 대안을 제시하는 능력이 탁월합니다.

이 책은 현학적인 이론서가 아닌, 현장에서 겪고 느낀 점을 오랜 기간 정리한 값진 비밀 노트입니다. 마치 학생들이 좋아하는 문제 족보에 대한 해답집과 같습니다. 부디 이 책이 이 시대의 신입 직장인들에게 큰 도움이 되기를 기대하며, 출간을 진심으로 축하합니다.

_ 숭실대학교 총장 이윤재

오늘날 청년 노동시장은 쉽지 않은 현실에 놓여 있습니다. '쉬었음' 상태의 청년이 50만 명을 넘어섰고, 어렵게 취업에 성공한 사회 초년생조차 1년 이내 퇴사율이 30% 안팎에 달합니다. 취업의 기쁨이 채 가시기도 전에, 낯선 직장이라는 새로운 도전 앞에서 많은 청년이 좌절을 경험합니다.

이러한 시점에서 원로드 저자의 『더 컴퍼니: 상위 10% 직장인들의 비밀』은 든든한 길잡이가 됩니다. 저자는 대기업과 공기업, 공공기관 등 다양한 조직에서 쌓은 경험을 바탕으로, 신입사원들이 겪는 불안과 시행착오를 현실감 있게 풀어냈습니다. 단순한 교과서식 조언이 아니라 '상위 10% 직장인이 지켜온 원칙'을 생생한 사례와 구체적인 행동 지침으로 전하고 있기에, 이 책은 사회 초년생들에게 바로 도움이 되는 실천서라 할 수 있습니다.

무엇보다 이 책은 청년 독자들에게 "당신은 혼자가 아니다"라는 메시지를 건넵니다. 직장 내 괴롭힘, 관계 갈등, 번아웃 같은 문제 앞에서 스스로 자신을 탓하기보다, 배움과 성장을 위한 과정으로 받아들이고 지혜롭게 대응하라는 따뜻한 조언이 담겨 있습니다.

직장 생활의 첫발을 내딛는 청년들에게 이 책은 두려움 대신 자신감을, 막막함 대신 용기를 줄 것입니다. 더 나아가 청년들이 개인의 가능성을 믿고 꿋꿋이 성장해 나가기를 진심으로 응원합니다. 저 또한 이 책이 청년 세대에게 지혜와 용기를 전하는 동반자가 되기를 바라며, 사회 초년생과 모든 직장인에게 이 책을 자신 있게 권합니다.

_ 대통령 소속 경제사회노동위원회 전문위원 장우희

그와 회사에서 한솥밥을 먹은 지 약간의 시간이 지났지만, 다른 누구보다 자주 만남을 가졌습니다. 그의 새로운 도전과 변신은 저에게 늘 놀라움의 연속이었습니다. 이번에는 새내기 직장인을 위해 그동안 메모해 두었던 직장 생활 경험담을 책으로 담아냈다는 연락에 또다시 놀라지 않을 수 없었습니다. 기나긴 시간 동안 꼼꼼하게 정리한 직장 생활 메모라니, 참으로 주도면밀하고 부지런한 사람이라는 생각이 들었습니다.

제가 KT에 재직하던 시절, 함께 일했던 그는 단순히 주어진 업무를 잘하는 것을 넘어, 늘 한발 앞서 고민하고 새로운 도전을 추구하는 인재였습니다. 특히, 회사 내 중요한 프로젝트를 함께 추진하며 그가 가진 놀라운 난관 극복의 지혜를 가까이서 경험했습니다. 복잡하고 어려운 환경 속에서도 포기하지 않고 끈기 있게 문제를 해결해 나가는 그의 모습은 저에게 큰 귀감이 되었습니다.

그는 또한, 상사와 후배를 두루 아우르며 소통했고, 팀원 개개인의 강점을 파악하여 최상의 시너지를 만들어냈습니다. 그의 따뜻하고 긍정적인 태도 덕분에 팀의 분위기는 항상 활기찼고, 이는 결국 더 좋은 성과로 이어지는 원동력이 되었습니다.

이 책은 바로 그런 저자님이 치열한 직장 생활을 통해 얻은 값진 경험과 지혜의 산물입니다. 이 책은 추상적인 조언이 아닌, 저자님의 생생한 경험에서 우러나온 현실적이고 구체적인 조언으로 가득합니다. 새로운 시작 앞에서 막막함을 느끼는 후배들에게 이 책을 진심으로 추천합니다. 저자님의 도전 정신과 팀을 생각하는 마음, 그리고 난관을 극복하는 지혜가 담긴 이 책이 여러분의 성공적인 커리어에 든든한 길잡이가 되어줄 것으로 확신합니다.

_ KT 전 홍보실장 서민우

머리말

　새로운 시작은 언제나 설렘과 동시에 불안감을 동반합니다. 특히 오랜 시간 꿈꿔왔던 직장에 첫발을 내딛는 순간은 더욱 그러할 것입니다. 밤샘 공부와 치열한 경쟁을 뚫고 얻어낸 합격의 기쁨은 잠시, 우리는 이내 '내 마음 같지 않은' 직장이라는 현실과 마주하게 됩니다. 취업 준비 과정에서 쌓았던 지식과 기술만으로는 결코 해결할 수 없는 수많은 문제들이 우리를 기다립니다.

　안타깝게도 뉴스에서는 직장 내 갑질과 갈등으로 인해 고통받는 사회 초년생들의 이야기가 끊이지 않고 들려옵니다. 상사의 부당한 지시나 언어폭력, 동료들의 따돌림, 혹은 정당한 대우를 받지 못하는 '갑질' 문화는 이제 더 이상 낯선 단어가 아닙니다. 갓 사회생활을 시작하는 젊은이들이 밝고 건강하게 직장 생활을 이어가야 할 시기에 좌절하고 고통받는 현실은, 더 이상 외면할 수 없는 사회적 문제로 대두되고 있습니다.

　20대 신입사원 김 씨는 입사 3개월 만에 직장 내 괴롭힘을 견디지 못하고 극단적인 선택을 했습니다. 상사의 폭언과 인격 모독, 동료들의 따돌림이 그를 벼랑 끝으로 내몰았습니다. 또 다른 사례로, 대기업에 입사한 박씨는 과도한 업무량과 상사의 부당한 업무 지시, 주말에도 이어지는 연락에 시달리다 결국 스스로 삶을 마감했습니다. 이러한 비극적인 소식은 우리에게 큰 충격을 안겨주며, 사회 초년생들이 직장에서 겪는 어려움이 얼마나 심각한지를 여실히 보여줍니다.

이러한 직장 내 괴롭힘은 비단 우리나라만의 문제가 아닙니다. 전 세계적으로 심각성을 인식하며 다양한 통계와 연구 결과가 발표되고 있습니다. 국제노동기구(ILO)가 2022년 발표한 「직장 내 폭력 및 괴롭힘에 대한 설문조사 보고서」에 따르면, 전 세계 노동자의 20% 이상이 직장 내에서 어떤 형태로든 폭력이나 괴롭힘을 경험한 것으로 나타났습니다. 특히 젊은 층과 여성, 이주 노동자 등 취약 계층의 경험률이 더 높다는 점은 우리가 주목해야 할 부분입니다. 국가와 문화를 막론하고 직장 내 괴롭힘은 많은 이들을 고통스럽게 하고 있으며, 이는 개인의 삶뿐 아니라 기업의 생산성 저하와 사회 전체의 불행으로 이어지는 심각한 문제입니다.

물론 직장은 단순한 돈벌이 수단이 아닙니다. 우리의 성장과 발전, 그리고 자아실현의 중요한 장소이기도 합니다. 하지만 학교라는 울타리 안에서 익숙했던 경쟁 방식은 직장에서 전혀 다른 양상으로 나타납니다. 치열한 성과 경쟁 속에서 우리는 살아남기 위해 끊임없이 노력해야 합니다. 동시에, 직장은 수많은 사람들이 모여 함께 일하는 공간이기에 인간관계 또한 성공적인 직장 생활의 핵심 요소로 작용합니다. 아무리 뛰어난 능력을 가졌더라도 원만한 인간관계를 형성하지 못한다면, 직장 생활은 고단하고 외로운 싸움이 될 수밖에 없습니다. 취업 공부를 할 때에는 오로지 나 자신과의 싸움이었다면, 직장에서는 나의 역량뿐만 아니라 타인과의 협력과 소통 능력까지 요구하는 것입니다.

이 책의 저자는 대기업, 공기업, 중소기업 등 다양한 규모와 형태의 조직에서 오랜 기간 근무하며 수많은 사람들의 직장 생활을 가까이에서 지켜봐 왔습니다. 그 과정에서 처음 직장 생활을 시작하며 어려움을 겪는 이들뿐만 아니라, 예상치 못한 난관 속에서도 현명하게 적응하고 성장하는 이들의 사례 또한 셀 수 없이 많이 목격했습니다. 위기의 순간에도 침착하게 대처하고, 주변의 도움을 요청하며, 궁극적으로 더 단단해진 이들을 보며 저는 확신했습니다. '내 마음 같지 않은' 직장이라는 현실 속에서도 충분히 자신을 지키고 성장할 수 있다는 것을요. 이 책은 바로 그 경험과 통찰을 바탕으로, 여러분이 직장이라는 낯선 환경에 잘 적응하고 유연하게 대처하며 성공적인 직장 생활을 이어갈 수 있도록 돕기 위해 쓰였습니다.

직장 내에서 발생할 수 있는 다양한 갈등 상황들을 직시하고, 이를 슬기롭고 지혜롭게 극복하여 성공적인 직장 생활을 영위할 수 있도록 돕는 실질적인 가이드가 되고자 합니다. 직장 생활은 결코 만만치 않습니다. 때로는 예상치 못한 어려움과 마주하고, 좌절감에 빠질 수도 있습니다. 하지만 그럴 때마다 혼자서 끙끙 앓기보다는 주변의 여러 사람들과 대화하고 조언을 구하는 용기가 필요합니다. 선배, 동료, 혹은 믿을 수 있는 멘토와의 솔직한 소통은 문제 해결의 실마리를 제공하고, 우리가 나아가야 할 방향을 제시해 줄 것입니다. 우리는 더 이상 혼자 아파하고 숨죽이며 고통받을 필요가 없습니다. 도움을 요청하는 것은 약함이 아니라, 오히려 자신을 지키고 변화를 만들 수 있는 가장 강력한 용기입니다.

이 책을 통해 독자들이 직장 생활의 현실을 제대로 이해하고, 어려움 속에서도 자신을 지키며 성장하는 법을 배우기를 바랍니다. 단순히 문제 해결을 위한 지침을 넘어, 건강한 직장 생활의 기반을 다지고, 궁극적으로 행복한 삶을 영위하는 데 필요한 지혜를 얻어 가시기를 기대합니다. 여러분의 새로운 시작이 좌절이 아닌, 성공적인 여정의 첫걸음이 되기를 진심으로 응원합니다.

THE COMPANY 목차

추천사 005
머리말 008

1장 ...
낯선 직장, 첫발 내딛기

1	첫인상, 센스 있게 대처하기	021
2	작은 준비, 큰 자신감	024
3	스펀지처럼 흡수하라	028
4	이상과 현실의 괴리, 극복 방법	032
5	농담이 뒷담화로 변하는 순간을 피하는 법	038
6	무능감, 자책하지 마라	041
7	지각은 신뢰를 깬다	045
8	첫 3개월이 성공을 좌우한다	049
9	6개월 내 업무를 장악하라	054
10	작은 성공, 거대한 자신감	057
11	심부름도 업무다	060
12	신입 티를 벗어라	063
13	능력 부족, 현명하게 대처하라	066
14	첫 월급, 관계에 투자하라	070

2장 • • •
직장 내 괴롭힘! 생존 전략

1	직장 내 괴롭힘 및 갑질의 실제 사례	075
2	괴롭힘 및 갑질 사례로 본 교훈	080
3	직장 내 괴롭힘의 정의와 유형	084
4	업무 능력 부족 시 자책 금지	089
5	공론화 전 지혜롭게 대처하기	093
6	공론화는 이성적으로 현명하게 진행하기	096
7	공론화 시 예상 문제점 및 대처방안	099
8	괴롭힘, 영리하게 예방하는 기술	103

3장 • • •
기본기부터 실전 노하우까지

1	이메일, 문자도 보고서다	109
2	한 장으로 끝내는 보고서 작성법	113
3	사장님 마인드로 보고서 쓰는 핵심 기술	117
4	신규 사업 기획, A to Z	122
5	상사를 만족시키는 보고 방법	126
6	묻기 전, 먼저 보고하는 센스	130
7	업무 용어는 전문성의 척도	133
8	눈치 코치, 숨은 능력 키우기	137
9	아이디어로 가치를 증명하라	141
10	자기 계발은 선택이 아닌 필수	146

4장 · · ·
관계와 커뮤니케이션

1	인사만 잘해도 승진한다	151
2	현명한 인간관계 구축 전략	155
3	꺼진 불도 다시 보자	158
4	사소한 거짓말도 상사는 다 안다	161
5	뒷담화, 평판을 망친다	164
6	선물은 관계의 윤활유	167
7	줄서기, 현명하게 대처하라	172
8	명함은 네트워크 자산	176
9	경조사 예절, 당신의 품격이다	180
10	상사의 농담, 신중하게 받아쳐라	187
11	상사와의 갈등, 현명하게 해결하는 법	191
12	회사 돈, 내 돈처럼 아껴라	195
13	회식을 기회로 만들어라	199
14	회식 자리, 재능을 어필하라	203
15	건배사, 센스를 보여라	207
16	술자리, 이것만 알면 인정 받는다	211
17	회식, 마지막까지 완벽하라	216
18	식당에서 당신의 역할	220
19	상사들끼리 회식 자리에서 하는 이야기들	225

5장 · · ·
전쟁터에서 살아남는 법

1	스트레스와 번아웃 극복하는 법	231
2	퇴근 후 나를 찾아라	235
3	건강한 워라밸 설계 방법	238
4	현명한 인내, 당신을 강하게 만든다	241
5	회사 내 금기사항을 조심하고 또 조심하라	245
6	업무와 행사, 책임감 있게 완수하는 프로의 자세	248
7	선배들의 찐 노하우를 놓치지 마라	252
8	협업으로 시너지를 내는 법	256
9	신입사원부터 CEO까지 1/N 지분 마인드	259
10	자기 관리 루틴 만들기	262
11	경제적 자유, 재테크로 시작하기	266
12	외부 활동, 이미지를 관리하는 법	269
13	팀장, 부장들이 평가하는 방법 미리보기	273

에필로그 278

나의 직장 생활 체크리스트

일요일 밤 출근 생각에 자주 우울하다. ☐

가벼운 팀 미팅할 때 하고 싶은 말을 못 하는 경우가 많다. ☐

상사에게 눈치 없다는 말을 들은 적이 있다. ☐

팀 내 회식 자리에는 가급적 참석하기 싫은데 대부분 마지못해 참석한다. ☐

보고서, 메일 작성에 한참 걸리며, 똑같은 지적을 받은 적이 있다. ☐

동료들과 잘 어울리지 못하는 것 같다. ☐

상사 지시를 정확히 이해하지 못했는데도 상사에게 질문하지 못하는 경우가 자주 있다. ☐

야근 후 성과를 자신 있게 상사에게 말하지 못한다. ☐

내 업무를 나의 의지와 관계없이 남에게 넘기는 경우가 있다. ☐

업무 관련 질문을 하고 싶지만, "이런 것도 몰라?"라는 말을 들을까 두려워 망설인다. ☐

실수할까 두려워 새로운 시도나 도전을 꺼린다. ☐

선배나 상사의 피드백에 주눅 들고 의욕이 사라진다. ☐

회사에 롤모델로 삼을 만한 사람이 없어서 괜히 불안하다. ☐

열심히 일하는 것 같은데 인정받지 못해 속상하다. ☐

인사고과 시즌에 어떤 성과로 어필해야 될지 막막하다. ☐

위 리스트 중 두 개 이상 포함된다면, 지금 즉시 이 책을 일독할 것!

상위 10% 직장인들의
10가지 비밀

① 문제가 발생할 경우 누구의 잘못을 탓하기보다 '무엇을 할지, 어떻게 하면 될지'를 먼저 생각합니다.
② 어렵고 부정적인 상황에서도 긍정적인 마인드로 해결책을 찾으려 노력합니다.
③ 한번 한 약속은 사소한 것이라도 어떠한 상황에서도 무조건 지켜 신뢰를 쌓습니다.
④ 개인의 이익보다 팀의 목표를 우선하며 기꺼이 희생을 감수합니다.
⑤ 보고 전에 상사와 편하게 소통하면서, 보고 내용에 대한 상사의 반응을 반영하여 정식 보고를 합니다.
⑥ 지시 사항에 자신만의 아이디어를 더해 상사를 만족시키는 주도성을 보입니다.
⑦ 회식 자리를 통해 업무시간에 어려웠던 문제들을 해결하고, 동료나 상사와의 인간적 관계와 신뢰를 쌓습니다.
⑧ 경조사, 특히 조문을 반드시 챙겨 진정한 유대감을 형성합니다.
⑨ 업무 외적으로도 상사에게 관심을 가져 소통을 원활하게 만듭니다.
⑩ 자신의 성과가 팀장의 성과와 이어지도록 포장하는 데 능숙합니다.

직장인들이 해서는 안 되는 행동 10가지

① 지각을 습관화하는 행동은 회사의 규정을 가볍게 여기는 태도로 비쳐, 중요한 업무를 맡을 수 없습니다.

② 습관적인 불만은 주변 사람들의 의욕까지 꺾어버리며, 당신을 부정적인 사람으로 각인시킵니다.

③ 자신의 잘못을 남에게 떠넘기거나 동료의 성과를 가로채는 것은 조직에서 신뢰를 완전히 잃는 행위입니다.

④ 자신의 업무는 제대로 하지 않으면서 타인의 일에만 간섭하는 태도는 모두에게 불필요한 마찰을 일으킵니다.

⑤ 상사의 피드백에 변명하는 것은 배우려는 의지가 없음을 보여주며, 발전 가능성을 스스로 막는 행동입니다.

⑥ 가장 기본적인 약속인 데드라인을 어기면 당신의 업무 능력 전반에 대한 신뢰를 잃게 됩니다.

⑦ 상사가 모를 거라는 착각으로 한 거짓말은 신뢰를 한순간에 무너뜨려 관계 회복을 매우 어렵게 만듭니다.

⑧ 업무 시간에 개인적인 전화나 인터넷을 하는 것은 공, 사를 구분하지 못한다는 인상을 줍니다.

⑨ 회식 자리를 가볍게 여겨 자주 불참하는 행동은 팀워크에 관심이 없는 것으로 불필요한 오해를 부릅니다.

⑩ 회사 내부의 기밀 정보를 가볍게 이야기하는 것은 큰 문제를 일으킬 수 있으므로 항상 신중해야 합니다.

1장

낯선 직장, 첫발 내딛기

THE COMPANY

직장 생활은 새로운 시작입니다. 특히 20~30대 신입사원에게는 설렘과 동시에 수많은 기대와 현실의 벽이 공존하는 시기입니다. 이 장에서는 첫 출근 준비 과정에서부터 초기 적응법, 그리고 '진짜 직장인'으로 거듭나기 위한 필수적인 마음가짐과 실질적인 팁을 안내합니다. 단순한 '버티기'를 넘어 '성장하는 직장 생활을 위한 탄탄한 첫걸음을 내디뎌 보세요.

첫인상, 센스 있게 대처하기

자율 복장이라고 무턱대고 편안한 옷차림을 선택했다가 낭패를 보는 경우가 있습니다. 직장 복장의 핵심은 '자유로움 속의 단정함'입니다. 너무 격식 있거나 지나치게 캐주얼한 복장보다는, 프로페셔널함과 센스를 동시에 보여주는 균형점을 찾는 것이 중요하죠. 모든 복장의 기본은 깔끔함에서 시작됩니다. 아무리 값비싼 옷이라도 구겨지거나 얼룩져 있다면 마이너스 요인이 될 수 있습니다. 첫 출근 전날에는 입을 옷을 미리 다림질하고 깨끗하게 정리하세요. 이렇게 깔끔하고 단정한 복장은 당신의 성실함과 꼼꼼함을 드러내어 긍정적인 첫인상을 남기는 가장 효과적인 방법이 됩니다. 직장 생활에서는 때때로 예상치 못한 상황에 마주치게 됩니다. 이런 돌발 상황에 현명하게 대처하기 위한 몇 가지 실용적인 팁을 소개합니다.

첫째, 복장은 개인의 취향을 넘어 TPO를 반영해야 합니다. 직장인의 옷차림은 개인의 취향을 넘어, 업무 환경과 상황에 대한 이해도를 보여주는 중요한 지표입니다. TPO(시간, 장소, 상황)를 항상 염두에 두세요. 특히 첫 출근 날에는 회사의 분위기와 동료들의 복장을 살피는 '탐색전'이라 생각하고, 너무 튀거나 과하게 꾸미기보다는 '중용의 미'를 보여주는 것이 현명합니다. 이는 새로운 환경에 맞춰 유연하게 대처할 줄 아는 사람이라는 인상을 심어줍니다. 회사의 공식 행사나 외부 미팅 시에는 격식 있는 복장을, 평소 사무실 근무 시에는 활동성과 편안함을 고려한 단정한 캐주얼을 선택하는 센스가 필요합니다.

둘째, 무난하면서도 프로페셔널한 인상을 주는 캐주얼 정장 스타일을 활용하세요. 직장에서 가장 무난하고 프로페셔널한 인상을 주는 복장은 캐주얼 정장 스타일입니다. 네이비, 차콜 그레이, 블랙, 베이지 등 차분한 기본 색상을 중심으로 매치하고, 셔츠나 블라우스, 니트 등으로 포인트를 주세요. 남녀 모두 슬랙스나 치노 팬츠를 기본으로 활용하고, 여성은 H라인 스커트나 원피스도 좋은 선택입니다. 몸에 적당히 맞는 레귤러 핏이나 세미 와이드 핏을 선택하면 단정하고 세련된 인상을 줄 수 있습니다. 신발 역시 지나치게 스포티하거나 화려한 디자인은 피하고, 깨끗하게 관리하는 습관을 들이세요.

셋째, 헤어스타일, 향수, 액세서리 등 디테일에도 신경 쓰세요. 단정하게 정돈된 헤어스타일은 호감도를 높이는 중요한 요소입니다. 너무 복잡하거나 과장된 스타일보다는 깔끔하게 관리하는 것이 좋습니다. 향수는 독하거나 강한 향보다는 은은한 시트러스나 우디 계열로 타인에게 불쾌감을 주지 않는 선에서 사용하세요. 액세서리는 시계, 팔찌, 귀걸이 등 과하지 않은 미니멀한 디자인을 선택하면 좋습니다. 이러한 작은 디테일은 당신의 센스와 섬세함을 어필하여 전체적인 이미지를 한층 고급스럽게 만들어 줍니다.

넷째, 비상용 패션 아이템으로 돌발 상황에 대비하세요. 직장 생활은 때로 예상치 못한 변수의 연속입니다. 갑작스러운 회식이나 외부 미팅, 혹은 업무 중 옷에 문제가 생길 수도 있죠. 이런 상황에 대비해 '비상용 패션' 아이템을 사무실에 구비해 두는 것이 좋습니다. 기본 색상의 블레이저나 카디건, 혹은 여분의 셔츠나 블라우스를 서랍이나 옷걸이에 미리 준비해 두면 유용합니다. 이러한 아이템은 갑작스러운 상황에서도 당신의 프로페셔널함을 유지해 주는 든든한 보험과 같습니다. 미리 준비된 태도는 위기 상황에서 침착함을 잃지 않게 도와주며, 이는 곧 당신의 준비성과 위기관리 능력을 보여주는 기회가 될 것입니다.

임원이 주목하는 핵심

① 자유로운 분위기 속 단정한 옷차림이 기본입니다.
② TPO에 맞는 옷차림으로 프로페셔널함을 보여주세요.
③ 작은 디테일까지 챙기는 준비성이 중요합니다.

작은 준비, 큰 자신감

첫 출근 날, 당신의 단정한 복장이 시각적 첫인상을 결정한다면, 주도면밀하게 준비된 필수품들은 당신이 얼마나 '준비된 프로페셔널'인지를 강력히 보여줍니다. 예상치 못한 순간에 당황하는 대신, 미리 아이템들을 갖춘다면 첫 직장 생활을 원활하고 자신감 있게 만들어줄 거예요. 이러한 작은 준비들은 단순한 소지품을 넘어, 당신의 세심함과 능동성을 보여주는 '스마트한 생존 템'이자, 노력과 태도를 보여주는 '무언의 명함'이 되어줄 것입니다. 이제 직장 생활을 더욱 단단하게 만들어 줄 필수 준비물들을 자세히 살펴보겠습니다.

첫째, 깔끔한 인상을 위한 개인위생 및 외모 관리 도구가 필요합니다. 직장 생활에서 첫인상은 복장뿐 아니라 청결하고 단정한 모습에서 비롯됩니다. 특히 가까이 소통하는 사무실 환경에서는 개인위생 관리가 인상에 큰 영향을 미치죠. 이러한 도구들은 자신감을 높이고 동료들에게 긍정적인 이미지를 심어주는 데 필수적입니다. 점심 식사 후 텁텁해진 입안은 집중력을 저해하고 대화 시 자신감을 떨어뜨릴 수 있으니, 칫솔, 치약은 물론 휴대용 구강청결제(가글)까지 작은 파우치에 넣어 식후 양치 습관을 들이는 것이 중요해요. 물티슈나 손수건도 책상 위를 닦거나 옷에 튄 얼룩 제거, 이물질 처리 등 다양한 상황에서 당신의 세심함과 준비성을 보여줄 것입니다.

둘째, 끊김 없는 업무를 위한 디지털 기기 보조 도구가 있습니다. 현대 직장 생활은 디지털 기기 없이는 상상하기 어렵습니다. 스마트폰, 노트북, 스마트워치 등은 업무 효율성과 원활한 소통을 위한 핵심 도구죠. 이 기기들이 언제든 원활하게 작동하도록 준비하는 것은 업무 연속성을 보장하고 예상치 못한 디지털 위기에 능동적으로 대처하게 합니다. 당신이 사용하는 전자기기의 충전기는 첫 출근 준비물에서 절대 빠져서는 안 될 필수 아이템이에요. 회사 콘센트 부족이나 특정 규격 충전기만 비치된 경우가 많으니, 다양한 기기를 충전할 수 있는 만능 충전기를 가져가는 게 현명합니다. 작은 멀티탭 하나는 '콘센트 유목민'이 되는 시간을 줄여주고 필요한 기기를 언제든 충전할 편리함을 제공할 것입니다. 외근이나 갑작스러운 정전 시 보조배터리는 당신의 '생명줄'과 같죠. 중요한 연락을 놓치거나 지도가 필요한데 배터리가 방전되는 불상사를 막아줄 것입니다. 이어폰이나 헤드폰도 주변 소음 속에서 집중력을 발휘하거나 휴식을 취하고 싶을 때 매우 유용하게 사용될 수 있습니다.

셋째, 정확하고 효율적인 업무를 위한 기록 및 보조 도구입니다. 직장 생활은 끊임없는 정보의 홍수 속에서 이루어집니다. 중요한 지시 사항, 회의 내용, 갑자기 떠오른 아이디어 등을 정확하게 기록하고 관리하는 능력은 업무 효율성을 높이고 실수를 줄이는 데 결정적인 역할을 합니다. 이러한 도구들은 기억력을 보완하고, 업무의 정확성을 높이며, 나아가 아이디어를 구체화하는 데 실질적인 도움을 주죠. 스마트폰 메모 앱도 편리하지만, 회의 중 중요한 내용, 상사의 긴급 지시, 혹은 갑자기 떠오른 아이디어 등을 빠르고 간편하게 필기할 수 있는 작은 노트와 펜은 여전히 필수적입니다. 구두로 전달된 내용은 휘발성이 강하니, 즉시 기록하는 습관은 실수를 줄이고 업무의 정확성을 높이는 가장 기본적인 방법입니다. 작은 노트와 펜은 당신의 꼼꼼함과 준비성을 보여주는 중요한 도구가 될 거예요.

넷째, 쾌적한 컨디션 유지를 위한 개인 건강 및 편의 도구입니다. 장시간 업무와 예측 불가능한 스트레스는 당신의 몸과 마음에 부담을 줄 수 있습니다. 따라서 쾌적한 업무 환경을 조성하고, 갑작스러운 건강 문제를 예방하며, 꾸준히 에너지를 유지하는 것은 업무 효율성과 직장 생활 만족도를 높이는 데 매우 중요해요. 이러한 도구들은 당신의 건강을 지키고, 최상의 컨디션으로 업무에 임할 수 있도록 돕습니다. 일회용 컵 대신 개인 컵이나 텀블러를 사용하는 것은 환경 보호이자 개인위생을 지키는 현명한 방법이며, 사무실 에어컨 바람에 대비해 무릎 담요나 카디건을 준비해 두면 쾌적한 업무 환경을 만들 수 있습니다. 갑작스러운 두통, 소화 불량 등은 집중도를 떨어뜨릴 수 있으므로, 기본적인 상비약을 작은 파우치에 넣어 다니는 것이 좋습니다. 또한, 오후 시간의 허기나 '당 떨어짐'을 대비해 초콜릿, 견과류 등 간편한 간식을 서랍에 비치해 두면 컨디션을 최상으로 유지하고 업무 효율을 높일 수 있습니다.

임원이 주목하는 핵심

① 깔끔한 인상 등 외모 관리 도구를 챙기세요.
② 원활한 업무를 위한 전자기기 보조 도구를 준비하세요.
③ 효율적 업무를 위한 개인 편의 도구를 챙겨 다니세요.

스펀지처럼 흡수하라

드디어 첫 출근의 날이 밝았습니다. 새 옷도 입고 필수품도 꼼꼼히 챙겼으니, 이제 남은 것은 바로 '마음가짐'입니다. 직장 생활은 단순히 업무 지식이나 기술을 배우는 것을 넘어, 수많은 동료 및 선배들과 함께 성장해 나가는 소중한 과정이죠. 특히 첫 3개월, 어쩌면 앞으로의 직장 생활을 좌우할 당신의 태도는 '스펀지 모드'와 '긍정 에너지'에 달려있다고 해도 과언이 아닙니다. 이러한 태도는 당신이 빠르게 조직에 적응하고, 주변 사람들과 긍정적인 관계를 형성하며, 궁극적으로 직장에서 성공적인 첫걸음을 내딛는 데 결정적인 역할을 할 것입니다.

직장 생활에 첫발을 내딛는 당신에게 가장 필요한 것은 '스펀지 모드'를 장착하고 모르는 것을 두려워하지 않는 용기입니다. 학교를 졸업했다고 해서 모든 것을 다 알고 능숙하게 해낼 수 있을 거라는 생각은 버려야 해요. 신입사원에게는 '모르는 게 당연하다'는 사실을 솔직하게 인정하는 것이 첫 번째 덕목입니다. 중요한 것은 스스로 배우려는 강력한 의지와 필요한 것을 질문하는 용기죠. 혼자 끙끙 앓으며 불필요한 시간 낭비를 하기보다는, 모르는 것을 겸손하게 질문하는 것이 훨씬 효율적인 업무 처리 방식입니다. 잘못된 방향으로 나아가 나중에 더 큰 문제를 만드는 것보다, 초기에 질문하여 제대로 배우는 것이 팀 전체에 이득이 됩니다. 물론, 무작정 질문하기 전에 스스로 구글링하거나 사내 매뉴얼을 찾아보는 등 먼저 고민하는 노력은 필수적입니다.

상사나 선배가 알려주는 내용은 휘발성이 강해 시간이 지나면 잊히기 쉬우므로, 당신의 뇌를 전적으로 믿지 않는 것이 좋습니다. 작은 수첩이나 노트북에 알려주는 내용을 꼼꼼하게 메모하는 습관을 들이세요. 그리고 점심시간이나 퇴근 전 잠시 시간을 내어 메모한 내용을 다시 복습하고, 나만의 방식으로 정리해 보는 것이 '지식'을 '내 것'으로 만들고 장기적으로 기억하는 가장 빠른 길입니다. 이러한 과정을 통해 점차 당신만의 '업무 매뉴얼'이 쌓여갈 것입니다. 신입사원은 피드백을 매우 자주 받을 겁니다. 때로는 날카로운 지적이나 예상치 못한 피드백에 속상할 수도 있지만, 피드백은 당신의 부족한 부분을 채워주고 한 단계 더 성장시켜 줄 '성장 영양제'라고 생각해야 합니다. 감정적으로 대응하기보다는, '왜 이런 피드백을 주셨을까?'를 진지하게 고민하고 다음 업무에 적극적으로 반영하려는 태도가 중요합니다.

다음으로, 가장 밝은 '하이!'로 긍정 에너지를 주변에 물들이세요. 당신의 밝은 에너지는 주변 사람들에게 긍정적인 영향을 미치고, 당신을 더욱 호감 가는 사람으로 만듭니다. 이는 거창한 행동이 아니라, 아주 작은 것에서부터 시작될 수 있습니다. "안녕하세요!", "수고하셨습니다!", "감사합니다!"와 같은 기본적인 인사는 당신의 첫인상을 결정짓는 가장 중요한 요소이자, 당신이 가진 긍정 에너지를 주변에 전달하는 신호탄입니다. 처음에는 어색하고 쑥스러울 수 있지만, 작은 인사 하나가 좋은 관계의 시작이 된다는 것을 명심해야 합니다. 특히 '감사합니다'는 관계를 부드럽게 만들고 당신에 대한 좋은 인상을 심어주는 마법의 주문과 같습니다. 작은 도움을 받았을 때, 업무를 친절하게 알려주었을 때, 혹은 식사를 대접받았을 때 등 사소한 상황에서도 '감사합니다'라는 말을 아끼지 마세요. 진심이 담긴 감사의 표현은 상대방에게 큰 기쁨을 주고, 당신을 '예의 바르고 배려심 있는 신입'으로 깊이 각인시킬 것입니다.

  마지막으로, '저 해보겠습니다!'라는 긍정적인 태도를 보여주세요. 새로운 업무나 낯선 상황에 직면했을 때, 지레 겁먹고 "어려울 것 같아요"라는 부정적인 말보다는 "열심히 배워보겠습니다!", "한번 해보겠습니다!"와 같이 긍정적이고 적극적인 태도를 보여주는 것이 훨씬 좋습니다. 비록 아직 미숙하고 완벽하게 해내지 못하더라도 괜찮습니다. 배우려는 의지와 무엇이든 해보려는 열정이 있다면, 선배들은 기꺼이 당신을 돕기 위해 손을 내밀어 줄 것입니다. 이러한 적극적인 자세는 당신의 성장 가능성을 보여주고, 조직에 기여하려는 의지를 명확하게 드러냅니다.

  신입사원으로서의 첫 마음가짐은 마치 깨끗한 백지와 같습니다. 이 백지에 어떤 그림을 그릴지는 전적으로 당신의 선택에 달려있죠. '스펀지 모드'로 끊임없이 배우고 새로운 것을 흡수하며, '세상에서 제일 밝은 하이!'처럼 긍정적인 에너지를 주변에 전파한다면, 당신의 직장 생활은 분명 성공적이고 행복한 여정이 될 겁니다.

임원이 주목하는 핵심

① 모르는 것은 질문하고 피드백을 성장의 기회로 삼으세요.
② '한번 해보겠습니다'라는 적극적인 태도로 임하세요.

이상과 현실의 괴리, 극복 방법

회사 문을 들어서는 첫날, 당신의 가슴에는 뜨거운 열정과 원대한 포부가 가득했을 것입니다. 면접관 앞에서 이야기했던 '창의적이고 주도적인 업무', '세상을 바꾸는 혁신'이라는 꿈은 손에 잡힐 듯 생생했겠죠. 하지만 며칠, 혹은 몇 주가 지나면서 마주하는 현실은 마치 다른 행성에 온 것처럼 낯설고 때로는 초라하게 느껴질 수 있습니다. 화려한 기획 대신 온통 '잡무'와 '서류 작업'뿐인 책상, 학교에서 배운 이론만으로는 설명할 수 없는 직장 업무의 '민낯'을 마주하는 순간, 당신은 당혹감을 넘어 괴리감을 느끼게 될 것입니다.

이것은 비단 당신만의 이야기가 아닙니다. 당신보다 먼저 이 길을 걸어간 수많은 선배들도 똑같은 감정을 느꼈고, 그 과정을 통해 진짜 '직장인'으로 성장했습니다. 중요한 것은 이러한 괴리감을 어떻게 받아들이고, 어떤 태도로 극복해 나가는가 하는 것입니다. 당신의 꿈이 와장창 깨지는 순간이 아니라, 꿈을 현실로 만들어가는 단단한 토대를 쌓는 시간임을 깨닫는다면, 이 당혹감은 곧 값진 성장의 자양분이 될 것입니다. 직장 생활에서 마주하는 이상과 현실의 괴리는 크게 4가지 측면에서 나타나며, 이를 이해하고 극복하는 지혜가 필요합니다.

첫째, '실전'은 교과서에 없으며 잡무 속에서 보물을 찾는 지혜가 필요합니다. "분명 마케팅 직무인데 왜 매일 영수증 풀칠만 하지?", "개발팀인데 왜 맨날 회의록만 쓰고 있지?" 취업 준비하며 쌓았던 지식과 스킬이 실무에서는 예상치 못한 형태로 발현될 때, 당신은 당황을 넘어선 배신감마저 느낄 수 있습니다. 기업 규모나 직무 특성상, 신입사원에게 곧바로 핵심 업무가 주어지기보다는 기본적인 행정 업무나 자료 정리 등 '지원 업무'가 주어지는 경우가 허다합니다.

마치 화려한 성과 뒤에 보이지 않는 수많은 기초 작업들이 쌓여있다는 사실을 깨닫는 순간이죠. 처음에는 이런 업무들이 시시하고 '내 역량을 제대로 발휘하지 못한다'고 느껴질 수 있습니다. 마치 꿈을 향해 달리려는데 발목에 납덩이를 매단 기분일지도 모릅니다.

하지만 이것은 당신이 겪는 너무나 자연스러운 과정입니다. 어떤 회사든 신입에게는 회사 시스템과 업무 흐름을 익히는 '적응기'가 필요합니다. 이 과정에서 주어지는 사소한 업무들은 나중에 더 큰 프로젝트를 맡았을 때 필요한 '기초 체력'을 다지는 시간입니다. 영수증을 정리하며 지출 경향을 파악하고, 단순 서류 작업을 엑셀 함수와 매크로로 자동화하여 팀 효율을 높이는 계기를 만들 수도 있습니다. 이처럼 겉으로는 단순해 보이는 일 속에서도 '왜 이 업무가 필요한가?', '이 업무가 회사 전체에 어떤 영향을 미치는가?', '어떻게 하면 더 효율적으로 처리할 수 있을까?'를 고민해 보세요. 잡무는 당신의 능력을 썩게 하는 것이 아니라, 숨겨진 잠재력을 발견하게 하는 기회가 될 수 있습니다.

둘째, '엑셀의 노예'가 된 것 같지만 성장의 도구가 됨을 알아야 합니다.
'기획', '전략', '혁신' 같은 멋진 단어만 생각했는데, 현실은 컴퓨터 앞에 앉아 셀 하나하나에 목숨 거는 선배들을 보며 "저게 다 뭐야?" 싶을 때가 있습니다. 깔끔한 표 정리, 데이터 입력, 복잡한 함수 활용 등 기본적인 엑셀 능력은 모든 직장인의 필수 소양입니다. 당신이 아무리 번뜩이는 아이디어를 가지고 있어도, 그것을 데이터로 증명하거나 깔끔하게 정리하지 못하면 결국 '좋은 아이디어'에 그칠 뿐 설득력을 얻기 어렵죠. 마치 최고의 요리사가 되겠다고 나섰는데 칼질부터 다시 배우는 기분일 수 있습니다. 데이터 없는 아이디어는 허상이라는 것을 깨달아야 합니다.

이 시기는 당신의 '기본기'를 탄탄히 다지는 황금기입니다. 회사마다 자주 쓰는 양식이나 보고 방식이 있을 것이니, 선배들의 작업물을 유심히 관찰하고 모르는 기능은 주저 없이 물어보세요. 물론, 물어보기 전에 먼저 찾아보고 스스로 해결하려는 노력을 보여주는 것이 중요합니다. 온라인 강의를 활용하여 엑셀, 파워포인트 등 기본 업무 툴 활용법을 빠르게 습득하세요. 당신이 아무리 뛰어난 아이디어를 가지고 있어도, 그것을 데이터로 증명하거나 깔끔하게 정리하지 못하면 설득력을 잃게 됩니다. 이처럼 '기본기'는 나중에 더 복잡하고 중요한 업무를 맡았을 때 당신의 아이디어를 날개 돋쳐 빛나게 할 강력한 도구가 될 것입니다.

셋째, '내가 생각한 그림'과 '상사가 원하는 그림'의 차이는 유연한 사고로 맞춰가는 지혜가 필요합니다. "저는 이렇게 기획했는데, 왜 자꾸 다른 방향으로 가죠?", "제 아이디어가 훨씬 더 혁신적인데, 왜 상사님은 늘 안전한 길만 고집하실까?" 신입사원이 가장 많이 겪는 혼란 중 하나는 '내가 생각한 업무의 그림'과 '상사가 원하는 그림'의 괴리입니다. 학교에서는 내 아이디어를 마음껏 펼칠 수 있었고 정답은 내가 찾으면 되는 것이었죠. 하지만 회사에서는 조직의 목표, 팀의 방향성, 예산, 시간, 시장 상황, 경쟁사 동향 등 고려해야 할 변수가 훨씬 많습니다. 당신의 '창의성'이 조직의 '현실'이라는 벽에 부딪히는 순간이죠. 이때 당신은 좌절하거나 반발심을 가질 수 있습니다.

이때 중요한 건 '꺾이지 않는 마음'이 아니라 '유연한 사고'입니다. 나의 생각과 상사의 요구사항이 다를 때, 감정적으로 반응하기보다 '상사가 왜 그렇게 지시했을까?', '팀의 전체 목표에서 내 아이디어가 어떻게 기여할 수 있을까?', '상사에게는 내가 보지 못하는 어떤 정보나 제약 조건이 있을까?'를 고민해 보세요. 예를 들어, 당신의 기획안이 아무리 훌륭해도 현재 팀의 예산 제약이나 클라이언트의 현실적인 니즈를 충족시키지 못한다면, 상사는 다른 방향을 제시할 수 있습니다. 그때 좌절하기보다, '내 아이디어를 어떻게 현실화할 수 있을지' 함께 고민하는 자세를 갖추세요. 상사의 지시를 단순히 따르는 것이 아니라, 그 배경과 맥락을 이해하려 노력할 때 당신은 단순한 '실행자'를 넘어 '문제 해결자'로 성장할 수 있습니다.

마지막으로, 이상과 현실의 괴리는 단순히 업무적인 차이만을 의미하지 않습니다. 이는 당신의 기대, 자존감, 그리고 미래에 대한 그림까지 흔들어 놓을 수 있는 강력한 심리적 파장을 동반합니다. '나는 유능하다고 생각했는데, 회사에서는 왜 이렇게 무능하게 느껴지지?', '다른 동기들은 척척 해내는 것 같은데, 나만 뒤처지는 건 아닐까?' 하는 생각들이 끄리에 꼬리를 물고 당신을 괴롭힐 수 있습니다. 때로는 눈물을 쏟고 싶을 만큼 좌절감이 밀려올 수도 있습니다. 이런 감정의 롤러코스터를 현명하게 다루는 것이 중요합니다.

가장 먼저 기억할 것은 '자신을 비난하지 말라'는 것입니다. 신입사원의 당황과 혼란은 지극히 자연스러운 현상이며, 이는 당신이 부족해서가 아니라 새로운 환경에 적응하는 과정에서 누구나 겪는 성장통입니다. 당신의 자존감을 갉아먹는 생각에서 벗어나, 지금 느끼는 감정을 솔직하게 인정하고 받아들이세요. '나만 이런 건 아닐까?'라는 고립감에서 벗어나 주변에 도움을 요청하세요. 먼저 입사한 선배, 믿을 수 있는 동료, 혹은 외부의 멘토에게 솔직한 고민을 털어놓는 것만으로도 큰 위로와 해결의 실마리를 찾을 수 있습니다. 선배들도 당신과 똑같은 신입 시절을 보냈음을 기억하세요. 그들의 공감과 격려는 당신에게 큰 힘이 될 것입니다.

직장 생활은 이론과 실전의 간극을 줄여나가는 과정입니다. 첫발을 내딛는 이 시기에 마주하는 예상과 다른 업무들은 당신을 좌절시키기 위함이 아니라, 진짜 '직장인'으로 성장시키기 위한 첫 번째 관문이라고 생각하세요. 이 과정을 잘 헤쳐 나간다면, 당신은 곧 '꿈이 와장창'이 아니라 '꿈을 현실로 만드는' 진짜 프로페셔널로 거듭날 것입니다. 당신이 지금 겪는 모든 혼란과 어려움은, 훗날 당신이 누군가의 멘토가 되어 줄 때 해 줄 수 있는 가장 값진 경험담이 될 것입니다.

임원이 주목하는 핵심

① 잡무에서 기초 체력을 다지고 업무 본질을 파악하세요.
② 조직의 목표를 이해하고 유연하게 사고를 갖춰야 합니다.
③ 성장의 과정으로 받아들이고 자신을 비난하지 마세요.

농담이 뒷담화로 변하는
순간을 피하는 법

첫 출근 후, 신입사원 여러분은 학교나 이전의 경험과는 차원이 다른 직장의 인간관계에 당혹감을 느낄 수 있습니다. 어제는 함께 웃고 떠들던 농담이 오늘은 당신을 겨냥한 뒷담화나 비수로 느껴지는 순간을 마주할 수 있죠. 직장에는 그들만의 미묘한 언어가 존재하며, 이러한 뉘앙스를 파악하는 것이 중요합니다. 건강한 직장 생활을 위해서는 타인에 대한 긍정적인 평가와 객관적인 소통이 필수적입니다. 자신을 보호하고 건강한 관계를 맺기 위한 몇 가지 핵심 전략을 소개합니다.

첫째, 농담과 비수 사이의 미묘한 경계를 파악하세요.

선배나 상사가 던지는 가벼운 농담처럼 들리지만 뼈가 있는 말들이 있습니다. 이러한 말들은 직장 내 분위기나 암묵적인 규칙을 파악하는 중요한 힌트가 될 수 있습니다. 예를 들어, "요즘 MZ세대들은 칼퇴가 필수라며?"는 단순히 유머가 아닐 수 있습니다. 이는 '우리 팀은 야근이 잦으니 마음의 준비를 해라' 혹은 '아직 신입이니 너무 칼퇴만 고집하지 마라'

는 메시지가 숨어있을 수 있습니다.

또 다른 예로, "○○ 씨는 정말 천하태평이네. 일할 때도 여유가 넘쳐"라는 말은 칭찬처럼 들리지만, 사실은 '일 처리 속도가 느리다'는 완곡한 비판일 수 있습니다. 반대로, "자네가 만든 보고서는 완벽해서 수정할 게 하나도 없네"와 같이 지나친 칭찬 또한 '이번에는 실수했지만 다음엔 잘 해라'는 식의 경고일 가능성도 있습니다. 이러한 말들을 감정적으로 받아들이기보다, 숨겨진 의도를 파악하려는 노력이 필요합니다.

둘째, 뒷담화의 유혹과 위험을 항상 인지하세요.

직장 내 뒷담화는 피하기 어려운 유혹입니다. 누군가에 대한 불만이나 업무적인 어려움을 공유하며 일시적인 동질감을 느낄 수도 있죠. 하지만 '어제의 뒷담화 파트너'가 '오늘의 나를 뒷담화하는 사람'이 될 수 있다는 사실을 잊지 마세요. 뒷담화에 적극적으로 참여하는 것은 당신의 신뢰도를 급격히 떨어뜨리고, 예상치 못한 불이익이나 구설수로 이어질 수 있습니다.

특히 몇 가지 상황은 주의해야 합니다. A 선배와 B 선배가 사이가 좋지 않은데, B 선배가 A 선배를 비난하는 뒷담화를 할 때 맞장구치는 경우, 이는 곧 A 선배의 귀에 들어가 관계가 악화될 수 있습니다. 또한, '그 프로젝트 담당자가 왜 그렇게 일했는지 모르겠어'와 같은 업무 관련 뒷담화는 당신이 나중에 해당 업무를 맡았을 때 객관적인 판단을 방해하고, 오히려 당신의 업무 능력까지 의심받게 만드는 결과를 낳을 수 있습니다.

따라서 최대한 뒷담화 자리에서는 경청하되, 직접적으로 동조하거나 비판적인 발언을 삼가야 합니다. 자연스럽게 화제를 바꾸는 센스를 발휘하여 불필요한 상황에 휘말리지 않도록 주의하는 것이 현명합니다.

셋째, 효과적인 소통 전략으로 신뢰를 쌓으세요.

복잡한 관계 속에서 오해를 줄이고 견고한 신뢰를 쌓기 위해서는 효과적인 소통 전략이 필수적입니다. 모호한 지시나 오해의 소지가 있는 대화는 "제가 이해한 것이 맞을까요?"처럼 다시 한번 확인하는 습관을 들이세요. 이는 실수를 방지하고 당신의 꼼꼼함을 보여줍니다. 또한 상대방의 말을 끝까지 경청하고, "아, 그렇군요"처럼 적절한 리액션으로 공감하는 태도를 보여주세요. 이는 상대방에게 당신이 자신의 이야기를 주의 깊게 듣고 있다고 느끼게 하여 소통의 질을 높여줍니다. 마지막으로, "선배님 덕분에 빨리 처리할 수 있었습니다"처럼 구체적인 칭찬과 진심 어린 감사를 표현하면 장기적으로 좋은 관계를 형성하는 데 큰 도움이 될 것입니다.

> **임원이 주목하는 핵심**
>
> ① 농담 속 숨겨진 의도를 파악하는 것이 중요합니다.
> ② 뒷담화에 동조하지 말고 불필요한 상황을 피해야 합니다.
> ③ 경청과 구체적인 칭찬으로 신뢰를 쌓는 소통을 하세요.

무능감, 자책하지 마라

첫 출근 후 몇 주, 혹은 몇 달이 지나면서 신입사원들을 가장 괴롭히는 감정은 '무능감'일 겁니다. '나는 회사에서 아무것도 못 하고 있지?', '다른 동기들보다 뒤처지는 기분이야'라는 생각에 밤잠을 설치기도 하죠. 하지만 단언컨대, 이 무능감은 당신만 겪는 특별한 감정이 아닙니다. 모든 직장인이 신입 시절 한 번쯤은 겪는, 지극히 정상적인 성장통입니다. 이러한 무능감을 극복하고 성장의 기회로 삼기 위한 몇 가지 지혜로운 방법을 소개합니다.

첫째, '제로 베이스'에서 시작하는 당신은 잘못이 없습니다.
대학교나 이전 경력에서 인정받았다 해도 회사에서는 모든 것이 리셋된 기분일 수 있습니다. 선배들의 대화는 온통 회사 용어로 가득하고, 복잡한 시스템과 업무 프로세스에 압도당하죠. 예를 들어, 학교에서는 능숙하게 다루던 프레젠테이션 프로그램이 회사에서는 '사내 전용 템플릿'을 사용하는 바람에 처음부터 다시 배워야 하는 상황, 혹은 업무에 필요한 특정 프로그램의 단축키조차 몰라 당황하는 순간들이 있습니다. 또한, '이번 분기 영업 실적 보고서'라는 지시를 받았을 때, 보고서 양식도, 필요한 데이터 위치도 몰라 막막함을 느낄 수 있습니다.

이처럼 '무지'는 죄가 아닙니다. 당신은 지금 '제로 베이스'에서 새롭게 배우고 있는 중입니다. 모르는 것을 숨기거나 부끄러워하지 마세요. '내가 왜 이걸 못 하지?' 대신 '이건 학교에서 배우지 못한 새로운 영역이다'라고 생각하는 것이 훨씬 현명합니다. 정해진 답이 없는 문제에 부딪히고, 때로는 비효율적인 프로세스 속에서도 해결책을 찾아야 하는 곳이 바로 회사임을 이해하는 것이 중요합니다.

둘째, '비교'는 독, '나만의 속도'를 존중하세요.

옆자리에 앉은 동기가 척척 업무를 처리하고 칭찬받는 것을 보면 괜히 조급해지고 자신을 자책하게 됩니다. 하지만 '비교'는 당신의 무능감을 더욱 증폭시키는 독입니다. 모든 사람은 각기 다른 강점과 습득 속도를 가지고 있습니다. 예를 들어, 어떤 동기는 특정 프로그램에 능숙할 수 있지만 발표 능력이 부족할 수도 있고, 당신은 서류 작업은 서툴러도 사람들과 소통하는 능력은 뛰어날 수 있습니다. 동기가 입사 첫 달에 팀장님에게 칭찬을 받는 것을 보고 '나는 왜 저렇게 못 하지?'라고 자책할 수 있지만, 사실 그 동기는 밤샘 야근으로 보고서를 완성했을 수도 있습니다.

세상에 똑같은 사람은 없습니다. 업무 습득 속도도, 적응 방식도 모두 다릅니다. 중요한 것은 남과 비교하며 조급해하지 않고, '나만의 속도'로 꾸준히 성장해 나가는 것입니다. 어제의 나보다 오늘의 내가 조금이라도 나아졌다면, 그것으로 충분합니다. 다른 동기나 선배들이 '잘하는 것처럼' 보일

지라도, 그들도 각자의 고충과 어려움을 겪고 있을 수 있음을 기억하세요.

셋째, '무능감'을 '성장 동력'으로 바꾸는 방법을 찾아보세요.

무능감은 단순히 부정적인 감정이 아니라, 당신이 더 성장할 수 있다는 '신호'이기도 합니다. 거창한 목표보다는 '오늘 내가 할 수 있는 작은 일 1가지'에 집중하세요. 예를 들어, '엑셀 함수 하나 익히기'와 같은 작은 성공을 반복하면 자신감이 커질 겁니다. 또한 단순한 잡무에도 '이 업무가 왜 필요할까?'와 같은 질문을 던지며 본질을 이해하려는 노력을 하세요. '사무용품 재고 정리'를 하면서 회사에서 어떤 비품이 주로 소모되는지 파악하고, 불필요한 비용을 줄일 아이디어를 내는 것처럼 말이죠. 갑작스러운 사내 발표 요청에 당황하여 제대로 말하지 못한 경험이 있다면, 다음번에는 5분 스피치 연습을 해보는 등 작은 목표부터 시작할 수 있습니다.

모르는 것은 혼자 끙끙 앓기보다, 스스로 충분히 찾아본 후에 적절한 시기에 선배나 상사에게 도움을 요청하는 것이 훨씬 현명합니다. '나는 왜 아무것도 못 하지?'라는 무능감은 새로운 환경에 적응하고 성장하는 모든 이들이 겪는 자연스러운 과정입니다. 이 감정을 회피하거나 자책하기보다는, 자신을 돌아보고 더 나은 방향으로 나아갈 수 있는 '성장 동력'으로 삼으세요.

> **임원이 주목하는 핵심**

① '제로 베이스'에서 시작하는 부족함은 잘못이 아닙니다.
② 남과 비교 대신 나만의 속도로 성장하는 게 중요합니다.
③ 무능감을 성장의 동력으로 삼는 지혜가 필요합니다.

지각은 신뢰를 깬다

직장인의 세계에서 근태는 단순히 출퇴근 시간을 넘어, 당신의 성실함과 책임감을 보여주는 가장 기본적인 지표입니다. '출근이 전쟁'이라는 말이 괜히 나온 것이 아니듯, 신입사원에게 완벽한 근태 관리는 첫인상과 직장 생활의 롱런을 좌우할 만큼 중요합니다. 지금부터 철저한 준비와 현명한 대처를 통해 동료와 상사에게 깊은 신뢰를 얻는 방법을 소개합니다.

첫째, 지각은 '절대 불가'의 원칙을 세우고, 출근은 '여유'가 핵심입니다.
'출근 지각'이라는 악몽은 상상만으로도 소름 돋는 일입니다. 회사 생활에서 지각은 단순히 당신 개인의 문제를 넘어, 팀 전체의 업무 흐름에 지장을 주고, 때로는 다른 동료들의 업무 부담을 가중시킬 수 있습니다. 정시 출근은 직장 생활의 기본이며, 사실 정시보다 최소 20분 정도 일찍 도착하여 하루를 준비하는 것이 기본적인 자세입니다. 이러한 여유는 당신이 업무 시작 전에 개인적인 준비를 마치고, 오늘 할 일을 미리 파악하며, 팀원들과 가볍게 인사를 나누는 등 긍정적인 하루를 시작하는 데 큰 도움이 될 것입니다. 적어도 첫 3개월 동안은 '새벽형 인간'이 되는 연습을 해보는 것을 강력히 추천합니다. 평소보다 30분 정도 일찍 일어나 여유롭게 아침을 준비하고, 옷매무새를 다듬으며 하루의 업무를 계획하는 시간을 가지는 겁니다. 이른 아침의 차분하고 생산적인 시간은 당신의 컨디션을 최상으로 끌어올려 줄 뿐만 아니라, 갑작스러운 변수에도 침착하게 대처할 수 있는 정신적 여유를 제공할 것입니다.

둘째, 돌발 상황 발생 시 현명한 '지각 대처법'을 숙지하는 것이 아주 중요합니다. 아무리 철저하게 준비해도 인생은 예측 불가능한 법입니다. 살다 보면 정말 어쩔 수 없는 상황으로 인해 지각할 수도 있습니다. 중요한 건 지각 그 자체가 아니라 그다음에 이어지는 당신의 '대처' 방식입니다. 미숙한 대처는 당신의 첫인상을 더욱 나쁘게 만들고 신뢰를 잃게 할 수 있습니다. 그러므로 변명은 절대 금물이며, 솔직하고 신속한 보고가 핵심입니다. 지각할 것 같다는 예감이 든다면, 늦어도 출근 시간 15분 전에는 직속 상사나 팀장에게 연락해서 사전에 양해를 구해야 합니다. "죄송합니다. 교통 체증으로 인해 늦을 것 같습니다. 9시 30분까지 도착 예정입니다."와 같이 간결하고 명확하게 현재 상황과 예상 도착 시간을 전달하는 것이 중요합니다. 사무실에 도착하면 자리로 바로 가기 전에, 지각 사실을 알렸던 상사나 팀장에게 찾아가 다시 한번 죄송하다는 말을 전하고, 업무에 즉시 임하겠다는 의지를 보여주세요. 이때 구구절절한 변명은 오히려 독이 될 수 있으니, "늦어서 죄송합니다. 바로 업무 시작하겠습니다." 정도로 간결하게 마무리하는 것이 현명합니다.

셋째, 결근, 조퇴, 외출 시의 '보고'는 직장인의 기본 에티켓입니다. 지각뿐만 아니라 결근, 조퇴, 외출 역시 근태 관리의 중요한 부분입니다. '나 하나쯤이야' 하는 생각은 직장 내에서는 절대 금물입니다. 당신의 부재는 팀 전체의 업무 흐름에 직접적인 영향을 미치고, 동료들에게는 예측 불가능한 업무 공백을 초래할 수 있기 때문입니다.

갑작스러운 질병이나 경조사 등 피치 못할 사유로 결근이나 조퇴가 필요하다면, 최대한 빨리 직속 상사에게 보고해야 합니다. 특히 결근은 갑작스러운 사유가 아니라면 적어도 2~3일 전에 미리 보고하는 것이 바람직합니다. 그래야 상사는 당신의 결근으로 인한 업무 조정이나 대처 계획을 미리 세울 수 있어 팀 내 업무 공백을 최소화할 수 있으며, 결근하는 당사자 또한 부담을 덜 수 있습니다. 만약 하루 전날 저녁이나 결근 당일 아침에 급박하게 보고할 경우, 책임감이 떨어지는 직원으로 낙인찍힐 수 있으니 주의해야 합니다.

업무상 필요한 외출이 아닌 개인적인 외출이라도, 아무리 짧은 시간이라도 반드시 상사에게 보고하고 나가는 것이 원칙입니다. 혹시 당신의 부재중에 급하게 연락이 필요하거나 중요한 상황이 발생했을 때, 당신의 자리가 비어있으면 업무 마비로 이어질 수 있기 때문입니다.

직장 생활에서 근태는 당신의 성실함과 프로페셔널함을 나타내는 가장 기본적인 지표입니다. 철저한 준비와 현명한 대처를 통해 완벽한 근태 관리를 해나간다면, 당신은 신뢰받는 직장인으로 빠르게 자리매김할 수 있을 것입니다.

임원이 주목하는 핵심

① 10분 일찍 출근해 지각하지 않는 원칙을 세우세요.
② 피치 못할 지각 시 변명 없이 솔직하게 보고하세요.
③ 결근, 조퇴, 외출 시 상사에게 미리 보고하세요.

첫 3개월이 성공을 좌우한다

　신입사원으로 첫발을 내딛든, 이직을 통해 새로운 환경으로 자리를 옮기든, 누구나 마음 한편에는 "내가 새로운 환경에서 잘 해낼 수 있을까?" 하는 고민을 안고 있습니다. 이런 고민은 너무나 당연한 감정입니다. 마치 정글에서 새로운 서식지로 옮겨온 동물처럼, 우리도 우선 공격받지 않고 쉴 수 있는 안전한 공간, 그리고 먹잇감을 사냥할 수 있는 나만의 영역을 확보해야 하니까요. 직장 생활의 초반 3개월은 단순히 수습 기간을 넘어섭니다. 이는 당신이 '버티기' 모드에서 벗어나 '적응하기'를 넘어 '성장하기'로 나아가는 중요한 전환점입니다. "3개월이 3년을 가고 30년을 결정한다"는 속설은 성공한 직장인들 사이에서는 거의 진리처럼 통합니다. 왜냐하면 초기 적응에 실패하면 정말 '평생 고생'할 수도 있기 때문입니다.

　첫째, 신입사원에게는 새로운 환경이지만 선배들에게는 숨겨진 기대치가 있습니다. 새로운 사람이 팀에 합류한다는 것은 기존에 있던 모든 구성원들에게 상당한 기대를 안겨줍니다. "어떤 사람일까?", "우리 팀에 잘 녹아들 수 있을까?", "나랑 잘 맞을까?"와 같은 기대감이죠. 이러한 기대감은 당신이 생각하는 것보다 훨씬 크고, 당신의 직장 내 첫인상이 중요하다고 말하는 이유도 여기에 있습니다. 개인적인 만남에서 호감을 느끼는 것과 직장에서의 호감은 구체적인 기준이 다를 수 있지만, 결국 '사람과의 관계'라는 큰 범주에서는 본질적으로 다르지 않습니다.

특히 신입사원이 입사했을 때, 선배와 상사의 기대는 미묘하게 다릅니다. 선배들은 보통 신입이 '자신을 잘 따르고, 팀 분위기를 해치지 않으며', 때로는 '자신을 능가하지 않기를' 바랄 수도 있습니다. 하지만 인사권을 쥐고 있는 상사는 다릅니다. 그들은 당신이 '능력을 발휘하여 팀의 성과를 만들어 내는 데 실질적인 도움'이 되기를 기대합니다. 선배와 상사 모두에게 공통적으로 요구되는 인재상은 결국 '팀의 분위기를 살리고 팀워크를 위해 자신의 역할을 충실히 해주는 사람'이라는 점을 기억해야 합니다. 이러한 복합적인 기대치 속에서 당신은 입사 전 꿈꿨던 '워라밸(워크 앤 라이프 밸런스)'을 잠시 냉장고에 넣어두고, 첫 3개월간은 모든 것을 배우겠다는 겸손하고 열정적인 자세로 임해야 합니다. 이 시기는 단순히 일을 배우는 것을 넘어, 팀과 조직의 역학 관계를 이해하고 당신의 존재감을 긍정적으로 각인시키는 데 집중해야 할 때입니다.

둘째, '수습'이 아닌 '생존'을 위한 골든타임은 바로 3개월입니다. 법적으로 수습 기간은 당사자 간 합의만 있다면 6개월, 심지어 1년까지도 가능합니다. 그러나 통상적으로 많은 회사들이 3개월을 수습 기간으로 두는 데는 분명한 이유가 있습니다. 근로기준법상 3개월 미만 근로자는 해고 예고 없이 즉시 해고가 가능하며, 최저임금법상 수습 3개월 동안은 최저임금 감액 적용도 가능합니다. 이는 회사가 3개월이라는 기간 동안 당신을 '정식 구성원'으로 인정할지 말지를 신중하게 판단할 수 있는 기간이라는 것을 의미합니다. 동시에 당신에게는 '회사에 적합한 인재임을 증명하고, 조직의 일원으로서 제 역할을 해낼 수 있음을 보여줄 수 있는' 결정적인 기회인 셈이죠.

대부분의 업무는 3개월 정도면 기본적인 흐름과 수행 방법을 충분히 익힐 수 있습니다. 이 기간 안에 당신이 실질적으로 업무 수행이 가능한 수준까지 역량을 끌어올리는 것이 매우 중요합니다. 모르는 것을 적극적으로 질문하고, 꼼꼼하게 메모하며, 선배나 상사가 알려준 내용을 온전히 내 것으로 만들기 위한 노력이 이 시기에 집중되어야 합니다. 수습 기간은 단순히 '일을 배우는 기간'을 넘어, 당신의 '업무 습득 능력', '문제 해결 능력', 그리고 '성장 가능성'을 총체적으로 평가받는 시간이라는 점을 명심해야 합니다. 이 골든타임을 어떻게 활용하느냐에 따라 당신의 직장 생활 전반이 달라질 수 있습니다.

셋째, 초기 적응에 실패하면 '평생 고생'하는 경우가 많습니다. "3개월 망치면 3년 내내 고생한다"는 말이 괜히 나오는 것이 아닙니다. 직장 생활 초기 적응에 실패할 경우, 당신은 다음과 같은 심각한 어려움에 직면할 수 있으며, 이는 장기적인 커리어에 부정적인 영향을 미칠 수 있습니다.

초기 3개월 동안 보여준 모습은 당신에 대한 '첫인상'을 형성하는 데 결정적인 역할을 합니다. 만약 업무 습득이 느리거나, 태도가 불성실하다는 인상이 한번 박히게 되면, 이후 아무리 노력해도 그 부정적인 인식을 바꾸는 데는 몇 배의 시간과 노력이 필요합니다. 한번 떨어진 신뢰는 회복하기가 매우 어렵고, 이는 단순히 '미움받는 것'을 넘어 중요한 업무에서 배제되거나, 핵심 프로젝트에 참여할 기회를 놓치는 결과로 이어질 수 있습니다. 결과적으로 당신의 역량이 제대로 발휘될 기회조차 얻지 못할 수도 있습니다.

또한, 상사는 업무가 미숙하거나 신뢰를 얻지 못한 신입에게 중요한 일을 맡기지 않으려 할 것입니다. 이는 당신이 성장할 수 있는 실질적인 기회를 잃게 만들고, 계속해서 단순하고 반복적인 업무에만 머물게 하는 악순환을 초래합니다. 결국 업무에 대한 흥미를 잃고 의욕이 저하되어, 심각한 '번아웃'으로 이어질 가능성이 높아집니다. 업무 적응이 더디거나 팀에 제대로 녹아들지 못하면 주변 동료나 선배들도 지쳐갈 수 있으며, 이는 팀워크를 저해하고 당신에 대한 부정적인 시선을 형성할 수 있습니다. 긍정적인 관계를 형성하지 못하면, 회사 생활은 더욱 외롭고 힘들어질 수밖에 없습니다.

나아가 초기 적응에 실패하여 퇴사를 고민하더라도, 짧은 재직 기간은 다음 이직 시 매우 불리하게 작용할 수 있습니다. 면접관들은 짧은 재직 기간에 대해 의문을 가질 것이고, '우리 회사에도 적응하지 못하면 어떡하나?'라는 불안감을 가질 수밖에 없습니다.

결론적으로, 직장 생활 첫 3개월은 당신의 커리어 전체를 좌우할 매우 중요한 시기입니다. 이 기간 동안 단순히 '버티기'가 아닌, '최선을 다해 적응하고 배우겠다'는 적극적이고 능동적인 자세로 임해야 합니다. 당신의 열정과 노력이 이 시기를 성공적으로 이끌고, 3년, 그리고 그 이후의 직장 생활 30년을 더욱 단단하고 의미 있게 만들어 줄 것입니다.

임원이 주목하는 핵심

① 첫 3개월은 존재감을 각인하는 중요한 시기입니다.
② 이 시기는 성장 가능성을 증명하는 골든타임입니다.
③ 초기 적응 실패는 신뢰와 성장 기회를 잃게 합니다.

6개월 내 업무를 장악하라

신입사원에게 있어 입사 후 첫 6개월은 '열정적인 신입'에서 '실질적인 역량을 갖춘 핵심 구성원'으로 거듭나는 중요한 시기입니다. 이 기간 동안 업무 능력을 확실히 증명하지 못하면 '잘못 뽑힌 직원'이라는 부정적인 평가를 받을 수 있으며, 이는 곧 당신을 채용하고 온보딩(Onboarding)하는 데 투자한 회사의 시간과 비용을 낭비하게 만드는 결과로 이어집니다.

당신의 업무 능력 부족은 단순히 개인의 문제로 끝나지 않습니다. 팀원들에게 업무 부담을 가중시켜 야근과 스트레스를 유발하고, 전체 팀의 생산성을 저하시키며 프로젝트 마감일을 지키지 못하게 할 수 있습니다. 만약 6개월이 지나도 업무 숙지 능력이 미흡하다면, 중요하고 흥미로운 업무 기회는 당신이 아닌 다른 유능한 동료에게 돌아가게 될 것입니다.

첫째, 질문을 두려워하지 마세요. 다만, 같은 질문은 피해야 합니다. 3개월 차까지는 모르는 것이 당연했지만, 6개월 차부터는 '이 정도는 알아야 한다'는 기대치가 생깁니다. 여전히 모르는 것이 있다면 충분히 고민한 후 질문하고, 가장 중요한 것은 같은 내용을 두 번 이상 묻지 않도록 꼼꼼하게 메모하는 습관을 들이는 것입니다. 선배나 팀장에게 같은 질문을 반복하는 것은 당신에 대한 안 좋은 인상을 줄 수 있습니다. 한번 물어보고 얻은 내용은 반드시 기록하고 숙지하여 스스로 문제 해결 능력을 키우는 것이 중요합니다.

둘째, 주도적으로 업무를 찾고, 효율성을 고민하세요. 더 이상 누군가 시키는 일만 하는 수동적인 단계를 넘어섰습니다. 이제는 팀의 목표를 이해하고, 현재 팀에 어떤 업무가 필요한지 능동적으로 찾아보는 자세가 필요합니다. 단순히 주어진 업무를 처리하는 것을 넘어, '어떻게 하면 더 빠르고 정확하게 할 수 있을까?', '반복되는 업무를 자동화할 수 있는 부분은 없을까?'와 같은 효율성을 고민하는 자세가 필요합니다. 당신의 작은 아이디어가 팀 전체의 생산성을 높일 수 있는 기회가 될 것입니다.

셋째, 문제 해결 능력을 적극적으로 키워야 합니다. 직장 생활은 끊임없이 발생하는 문제의 연속입니다. 단순히 발생한 문제를 해결하는 것을 넘어, '왜 이런 문제가 발생했을까?', '어떻게 하면 재발을 근본적으로 막을 수 있을까?'와 같이 근본적인 원인을 파악하고 창의적인 해결책을 제시하는 능력을 길러야 합니다. 이러한 노력은 당신을 단순한 업무 처리자가 아닌, '문제를 해결하는 핵심 인재'로 포지셔닝하게 만들 것입니다.

넷째, 피드백은 수용하면서 즉시 개선하는 모습을 보여주세요. 상사나 선배의 피드백은 당신을 성장시키는 중요한 자양분입니다. 피드백을 들을 때 방어적인 태도를 보이기보다, 겸허하게 수용하고 즉시 다음 업무에 반영하려는 노력을 보여주세요. 이는 당신의 '성장 의지'를 보여주는 가장 확실한 방법입니다. '무엇을 개선하면 좋을까요?'와 같은 구체적인 질문을 통해 피드백을 이끌어내고, 개선된 결과로 답하며 당신이 단순한 지시 수용자가 아닌 진정한 성장형 인재임을 증명하세요. 이러한 적극적인 태도는 상사에게 깊은 신뢰를 주는 중요한 행동입니다.

직장 생활은 마라톤과 같지만, 그중 첫 6개월은 앞으로 펼쳐질 수많은 레이스의 방향을 결정짓는 매우 중요한 구간입니다. 3개월의 수습 기간이 당신의 가능성을 보여주는 시간이었다면, 6개월은 그 가능성을 현실로 만들고 팀에 없어서는 안 될 핵심 멤버로 자리매김하는 시간입니다. "배울 기회가 없다"는 푸념에 빠지지 말고, 스스로 기회를 만들고 성과로 증명해야 합니다. 첫 6개월 동안 당신이 보여주는 노력과 성과는 향후 당신의 커리어를 더욱 단단하게 만들고, 진정한 직장인으로서의 성공적인 삶을 위한 든든한 밑거름이 될 것입니다.

임원이 주목하는 핵심

① 첫 6개월은 '업무 역량'을 증명해야 하는 시기입니다.
② 주도적인 업무 추진을 고민해야 합니다.
③ 문제 해결 능력과 성장 의지를 보여줘야 합니다.

작은 성공, 거대한 자신감

　직장 생활의 성공은 거창한 것에서 시작되지 않습니다. 신입사원에게는 작은 성공 경험이 앞으로의 커리어를 좌우할 큰 자신감의 밑거름이 됩니다. 단순히 주어진 일을 처리하는 것을 넘어, 작은 프로젝트라도 완벽하게 수행하는 과정에서 회사의 규정, 정책, 그리고 전체적인 흐름을 자연스럽게 익히게 됩니다. 예를 들어, 보고서 하나를 작성하기 위해 필요한 정보를 찾고, 협업 부서를 파악하는 과정 자체가 문제 해결 능력을 키우는 훌륭한 학습이 됩니다.

　이처럼 진정한 성공 스토리를 만들고 싶다면 업무가 분장될 때 조금 어렵고 도전적인 일이라도 적극적으로 "제가 해보겠습니다!" 하고 손을 드는 용기가 필요합니다. 처음에는 막연하고 부담스러울 수 있습니다. 하지만 아무도 선뜻 나서지 않는 어려운 프로젝트에 당신이 기꺼이 덤벼들 때, 비로소 특별한 기회가 찾아옵니다. 이러한 도전적인 업무를 맡게 되면, 당신은 더욱 깊이 있게 회사의 시스템을 파고들게 됩니다. 단순히 매뉴얼을 읽는 것을 넘어, 실제로 복잡한 프로세스를 이해하고, 숨겨진 문제점을 찾아내며, 다양한 이해관계자들과 소통하고 조율하는 실전 경험을 쌓게 됩니다. 때로는 예상치 못한 난관에 부딪히고 좌절할 수도 있지만, 그 모든 과정을 통해 당신은 회사의 내부 작동 방식을 더욱 명확하게 파악하게 됩니다.

결국, 이러한 어려운 프로젝트를 성공적으로 완수했을 때 얻는 성취감은 이전의 작은 성공과는 비교할 수 없을 정도로 거대합니다. 당신은 단순히 업무를 해낸 것을 넘어, 회사의 전체적인 흐름을 완벽하게 숙지했고, 어떤 난관 속에서도 성과를 내는 방법을 스스로 찾아낼 수 있는 능력을 갖추었다는 강력한 자신감을 얻게 됩니다. 이러한 자신감은 당신의 업무 의욕을 폭발적으로 증진시키고, 다음 단계의 더 큰 기회를 자연스럽게 끌어당기며, 직장 생활을 순조롭고 탄탄한 성공 가도로 이끌 것입니다.

어려울 것만 같았던 프로젝트가 성공적으로 마무리되고, 상사나 동료로부터 "수고했다", "잘했다"는 작은 인정이라도 받게 되면, 그 성취감은 이루 말할 수 없습니다. 이 순간의 인정은 단순한 칭찬을 넘어, 당신이 회사의 시스템을 이해하고 그 안에서 스스로 성과를 만들어낼 수 있는 존재라는 강력한 확신으로 다가옵니다.

이러한 작은 성공의 경험은 당신의 직장 생활에 놀라운 긍정적인 변화의 파도를 불러일으킵니다. 무엇보다 '나도 할 수 있다'는 확고한 믿음이 자리 잡으면서, 새로운 업무나 미지의 도전에 대한 두려움이 현저히 줄어들게 됩니다. 이는 곧 업무에 대한 흥미와 몰입도를 높여, 더 큰 성과를 내고자 하는 강력한 동기로 이어집니다. 또한, 스스로 답을 찾아내고 난관을 극복하는 과정에서 얻은 노하우는 앞으로 마주할 수많은 문제들을 헤쳐 나가는 데 귀중한 자산이 되며, 당신의 문제 해결 능력을 한층 강화시킵니다. 나아가, 작은 프로젝트를 통해 회사의 각 부서와 시스템을 이해하게 된 경험은 회사 전체의 큰 그림을 파악하는 데 중요한 밑거름이 되어, 당신의 시야를 넓히고 전략적 사고를 가능하게 합니다.

하나의 성공 스토리가 거대한 자신감으로 이어지는 이유는, 그 과정에서 당신이 스스로의 한계를 뛰어넘었기 때문입니다. 이러한 도전적인 업무를 성공적으로 완수했을 때 얻는 성취감은 이전의 작은 성공과는 비교할 수 없을 정도로 거대합니다. 당신은 단순히 업무를 해낸 것을 넘어, 회사의 전체적인 흐름을 완벽하게 숙지했고, 어떤 난관 속에서도 성과를 내는 방법을 스스로 찾아낼 수 있는 능력을 갖추었다는 강력한 자신감을 얻게 됩니다. 이 순간의 인정은 당신이 회사의 시스템을 이해하고 그 안에서 스스로 성과를 만들어낼 수 있는 존재라는 강력한 확신으로 다가옵니다. 결국 이 자신감은 다음 단계의 더 큰 기회를 자연스럽게 끌어당겨, 당신의 직장 생활을 순조롭고 탄탄한 성공 가도로 이끌 것입니다.

임원이 주목하는 핵심

① 성공 경험은 시스템과 업무 흐름을 익히는 기회입니다.
② 도전적인 업무는 문제 해결 능력을 향상시켜 줍니다.
③ 성공 경험은 '뭐든지 할 수 있다'는 자신감을 심어줍니다.

심부름도 업무다

"아, 또 커피 심부름이네." 중요하다고 생각하는 핵심 업무에 매달리고 싶은데, 복사, 서류 정리, 간식 구매 등 소위 '잡무'가 더 많게 느껴질 때가 있습니다. 하지만 여기서 당신의 진짜 가치가 드러날 수 있다는 사실을 알고 있나요? 떡볶이 심부름 하나도 대하는 태도가 곧 당신의 업무 역량과 성실도를 보여주는 리트머스 시험지입니다. 작은 업무는 당신이 직장 생활에서 마주할 다양한 기회와 평가에 깊이 연결되어 있습니다. 지금부터 이 작은 업무들을 '진심으로' 대하고, 당신의 성장과 연결 짓는 구체적인 방법들을 소개합니다.

첫째, 작은 업무로 신뢰를 쌓고 회사 시스템을 익히세요. 누구나 크고 중요한 업무를 잘하고 싶어 하지만, 진짜 프로는 작은 일에서도 성실함을 보여줍니다. '별것도 아닌데 뭐 어때?'라는 생각으로 대충 처리한 복사물이나 잘못 산 커피 한 잔이 쌓이면 '꼼꼼하지 못한 사람'으로 낙인찍힐 수 있습니다. 반대로, 아무리 작은 일이라도 기한을 정확히 지키고 요청 사항을 완벽하게 이행하면 '믿을 수 있는 친구'라는 신뢰를 얻게 됩니다. 또한, 잡무는 회사의 다양한 부서와 연결되어 있어 전체 시스템과 흐름을 간접적으로 이해하는 통로가 됩니다.

둘째, 숨겨진 역량을 발휘하고, 완벽주의를 연습하세요. '커피 심부름'을 단순히 커피를 사 오는 행위로만 생각하지 마세요. 팀원들의 취향을 파악하고 실수 없이 주문하는 것은 뛰어난 '정보 수집 및 처리' 능력과 '세심함'을 보여줍니다. 간식 심부름 역시 예산 내에서 최적의 선택을 하는 기획력을 발휘할 수 있는 기회입니다. 이처럼 작은 업무일수록 완벽하게 처리하는 연습을 하세요. '에이, 설마 그런 것까지?'라고 생각할지 모르지만, 이런 디테일이 당신의 가치를 높이고, '능동적으로 고민하고 개선하려는 사람'이라는 인상을 심어줄 수 있습니다.

셋째, 관계 형성을 위한 소통의 기회로 활용하세요. 딱딱한 업무 외적인 부탁이나 심부름은 의외로 상사나 동료들과 인간적인 관계를 형성하는 좋은 기회가 됩니다. 당신이 성의껏 심부름을 해줬을 때, 상대방은 고마움을 느끼고 호감을 가질 가능성이 높습니다. 이러한 긍정적인 상호작용은 팀워크를 강화하고, 나중에 업무적으로 도움이 필요할 때 흔쾌히 손을 내밀어줄 수 있는 든든한 아군을 만드는 기반이 됩니다. 인간관계는 결국 '마음'에서 시작되고, 그 마음은 사소한 배려와 성의에서 전달되는 법입니다.

작은 일 하나하나가 쌓여 당신의 커리어를 만들어가는 중요한 과정입니다. '심부름도 일이다'라는 마인드를 가지고, 떡볶이 심부름 하나도 '진심으로' 대한다면, 당신은 단순히 잡무를 처리하는 사람이 아니라 '어떤 일이든 믿고 맡길 수 있는 인재'로 성장할 것입니다.

> **임원이 주목하는 핵심**
>
> ① 작은 업무로 신뢰를 쌓고 회사 시스템을 익히세요.
> ② 심부름을 완벽히 처리하며 성실함을 보여주세요.
> ③ 사소한 심부름은 좋은 소통의 장이 됩니다.

신입 티를 벗어라

"요즘 애들은 말이야…." 이 문장만 들어도 가슴이 답답해지고 왠지 모를 반감이 생기나요? 기성세대가 '요즘 애들'이라며 MZ세대를 정의 내리려 할 때, 우리는 종종 오해받거나 한정된 시선으로 평가받는다는 느낌을 받습니다. 하지만 어쩌면 그 '다름'이 바로 당신이 회사에서 가장 강력하게 내세울 수 있는 무기일 수 있습니다. 신입사원으로서, 또는 조직에 새로 합류한 20대, 30대 구성원으로서, 주눅 들거나 숨기려 하지 말고 당신만의 'MZ력'을 당당하게 뽐내야 합니다. 당신은 기존 조직에 신선한 바람을 불어넣을 유일한 존재이기 때문입니다.

'MZ력'이라는 것이 단순히 유행에 민감하고 개인주의적이라는 편견으로 치부되어서는 안 됩니다. 사실 그 안에는 급변하는 시대에 기업이 생존하고 성장하는 데 필수적인 핵심 역량들이 숨어 내용에 대해 알아보겠습니다.

첫째, 신입은 변화와 혁신의 촉매제입니다. 기존 조직은 안정적이지만,

때로는 관성에 갇혀 새로운 시도에 주저할 수 있습니다. MZ세대는 디지털 네이티브로서 새로운 기술과 트렌드에 빠르게 적응하고, 비판적 사고를 통해 '왜 예전부터 이렇게 해왔는가?'라는 질문을 던지는 데 거리낌이 없습니다. 이러한 당신의 신선한 시각과 제안은 조직의 오래된 비효율을 깨고 새로운 돌파구를 찾게 하는 강력한 촉매제가 될 수 있습니다. 당신이 던지는 작은 질문 하나가 회사의 큰 변화를 시작하는 계기가 될 수도 있습니다.

둘째, 신입은 다양성과 포용성의 상징입니다. MZ세대는 이전 세대보다 훨씬 더 다양한 가치관과 문화를 경험하며 자랐습니다. 수평적 관계, 개인의 자율성, 워라밸(Work-Life Balance) 등을 중요하게 생각하죠. 이러한 가치관은 조직 내에서 경직된 문화를 유연하게 만들고, 서로의 다름을 존중하는 포용적인 분위기를 형성하는 데 기여합니다. 결국 이는 직원들의 만족도를 높이고 창의적인 아이디어가 자유롭게 오가는 환경을 조성하여, 장기적으로 조직의 경쟁력 강화에 긍정적인 영향을 미칩니다.

셋째, 새로운 고객 및 시장 이해할 수 있는 존재입니다. 지금 사회의 주역이자 미래의 소비자인 MZ세대를 가장 잘 이해하는 사람은 바로 당신입니다. 회사의 제품이나 서비스가 MZ세대를 타깃으로 한다면, 당신의 감각과 경험은 시장 분석, 제품 개발, 마케팅 전략 수립에 있어 그 어떤 베테랑보다도 중요한 인사이트를 제공할 수 있습니다. "요즘 친구들은 이런 걸 좋아해요!", "제 주변에는 다 이렇게 써요!" 같은 당신의 한마디가 수십억짜리 프로젝트의 방향을 바꿀 수도 있습니다.

넷째, 신입은 솔직함과 투명성의 상징입니다. MZ세대는 불필요한 위계질서나 형식주의보다는 솔직하고 투명한 소통을 선호합니다. 비록 상사에게 직언하는 것이 불편하게 느껴질 수 있지만, 때로는 이러한 솔직함이 불필요한 오해를 줄이고 문제 해결 속도를 높이는 데 기여합니다. 물론 '예의'와 '존중'의 기반 위에서 발현되어야 하지만, 당신의 당당하고 합리적인 소통 방식은 조직 전체의 소통 문화를 개선하는 데 긍정적인 영향을 미칠 수 있습니다.

"왜 이렇게 하는 거죠?", "더 효율적인 방법은 없을까요?"와 같은 질문은 자칫 불평으로 들릴 수 있습니다. 하지만 당신의 질문에 '개선'의 의지를 담는다면 이야기는 달라집니다. "선배님, 제가 생각하기에는 이 부분을 이렇게 바꿔보면 어떨까요? 이러면 (명확한 근거 제시) 좋을 것 같습니다."와 같이 구체적인 대안과 함께 질문하고 제안하는 연습을 하세요. 당신의 질문이 문제를 제기하는 데 그치지 않고, 해결책을 모색하는 출발점이 될 때, 당신은 단순한 질문자가 아닌 '혁신을 추구하는 인재'로 인식될 것입니다.

> **임원이 주목하는 핵심**
> ① 신입은 변화와 혁신을 이끌어내는 조직의 촉매제입니다.
> ② 새로운 가치관으로 유연한 조직 문화에 기여합니다.
> ③ 투명한 소통으로 비효율을 개선하는 데 기여하세요.

능력 부족,
현명하게 대처하라

첫 출근의 설렘도 잠시, 낯선 업무와 새로운 사람들에게 둘러싸이면 어김없이 찾아오는 감정이 있습니다. 바로 '내가 잘할 수 있을까?' 하는 불안감과 '나만 부족한 것 같은데….' 하는 자책감이죠. 특히 빠르게 변화하는 세상 속에서 늘 '최고'가 되거나 '완벽'해야 한다는 압박감을 느낍니다. 하지만 잠시 멈춰 서서 스스로에게 물어봐야 합니다. 정말 당신이 부족한 걸까요, 아니면 스스로를 너무 몰아세우고 있는 걸까요? 당신은 이미 수많은 경쟁을 뚫고 채용된, 어엿한 '찐 회사원'입니다. 그 이유는 다음과 같습니다.

첫째, 당신의 채용은 우연이 아닙니다. 이미 검증된 인재 취업이라는 관문을 통과했다는 사실 자체가 당신의 가치와 잠재력을 증명합니다. 수많은 지원자 중 회사가 당신을 선택한 데에는 분명한 이유가 있습니다. 당신의 이력서, 면접에서의 태도, 그리고 잠재력이 회사의 니즈와 부합했기 때문이죠. 회사는 당신의 능력과 성장 가능성에 기꺼이 투자하기로 결정한 겁니다.

 이 점을 기억하세요. 당신은 단순히 빈자리를 채우러 온 사람이 아닙니다. 회사가 당신의 노동력을 통해 가치를 창출할 것이라고 판단하여 '정식으로 고용한' 인재입니다. 채용 통보를 받은 순간부터 당신은 이 조직의 한 축을 담당할 중요한 구성원이 된 것입니다. 스스로를 '부족한 사람'이라고 자책하는 것은, 회사가 당신에게 부여한 가치를 스스로 깎아내리는 것과 같습니다. 이는 당신의 자신감을 좀먹고, 업무 성과에도 부정적인 영향을 미칠 수밖에 없습니다.

 둘째, '경험의 부족'을 '능력의 부족'으로 오해하지 마세요. 새로운 업무는 누구에게나 어렵습니다. 당신이 아무리 뛰어난 인재라도, 처음 접하는 분야에서는 미숙할 수밖에 없습니다. 이는 당신의 능력이 떨어져서가 아니라, 단지 해당 업무에 대한 경험과 정보가 부족하기 때문입니다. 베테랑 선배들이 능숙하게 업무를 처리하는 모습에 주눅들 필요 없습니다. 그들도 처음부터 모든 것을 알고 능숙했던 건 아닙니다. 수많은 시행착오를 겪고, 밤낮으로 고민하며 지금의 자리에 오른 거죠.

 자책은 에너지를 소모하고, 의욕을 꺾는 독입니다. '나는 왜 이것밖에 안 될까?'라는 생각은 당신을 더 나은 방향으로 이끄는 대신, 스스로를 고립시키고 발전을 저해합니다. 대신 이렇게 생각하세요. "나는 아직 배우는 중이고, 성장하고 있다." 지금 당신이 당면한 어려움이나 미숙함은 결코 영구적인 것이 아닙니다. 그것은 일시적인 현상이며, 노력과 시간을 통해 충분히 극복할 수 있는 부분입니다. 마치 운동을 처음 시작했을 때 몸이 뻑뻑하고 힘들지만, 꾸준히 하다 보면 유연해지고 강해지는 것과 같습니다. 당신의 업무 능력도 마찬가지입니다.

셋째, 당신의 존재 자체로 팀에 긍정적인 영향을 미칩니다. 회사에서 당신에게 바라는 것은 처음부터 완벽한 성과가 아닐 수 있습니다. 오히려 신입사원만이 가질 수 있는 새로운 관점, 신선한 아이디어, 그리고 긍정적인 에너지를 기대하는 경우가 많습니다. 비록 당신의 직접적인 업무 능력이 아직 미숙하더라도, 당신의 존재 자체만으로도 팀에 긍정적인 영향을 미칠 수 있습니다. 새로운 관점에서 보면 기존 멤버들이 오랜 시간 일하면서 놓쳤을 수 있는 문제점이나 개선점을 발견할 수 있습니다. 신선한 아이디어로 틀에 박힌 사고방식에서 벗어나 혁신적인 아이디어를 제시하여 팀에 활력을 불어넣을 수 있습니다. 긍정적인 에너지로 활기차고 적극적인 태도는 팀의 분위기를 밝게 만들고, 다른 멤버들에게 긍정적인 동기 부여가 될 수 있습니다.

당신은 팀의 일원으로서, 그리고 회사의 '찐 회사원'으로서 이미 충분히 기여하고 있습니다. 따라서 스스로를 비하하거나 작게 만들지 마세요. 당신의 목소리에 힘을 싣고, 당신의 아이디어를 당당하게 제시하세요. 비록 그것이 아직 미숙하고 다듬어지지 않은 것이라 할지라도, 그 안에서 새로운 가치가 발견될 수 있습니다.

임원이 주목하는 핵심

① 당신은 회사가 선택한 가치 있는 인재임을 기억하세요.
② 경험 부족은 배움의 과정으로 여기는 태도가 중요합니다.
③ 새로운 관점과 긍정적 에너지는 팀에 큰 도움이 됩니다.

14

첫 월급, 관계에 투자하라

사회생활의 첫 결실인 첫 월급은 단순히 통장에 찍히는 숫자를 넘어, 당신을 응원하고 지지해 준 주변 사람들에게 감사함을 표현하고 미래를 위한 현명한 재정 습관을 시작하는 중요한 기회입니다. 이 첫 월급을 어떻게 활용하느냐에 따라 당신의 이미지와 평판이 좌우될 수 있으니, 현명한 접근이 필요합니다.

우선, 당신을 키워주신 부모님께 가장 먼저 감사하는 마음을 전하세요. 거창한 선물이 아니어도 괜찮습니다. 부모님이 평소 필요로 하셨던 물건을 사드리거나, 함께 근사한 식사를 대접하는 것이 좋습니다. 금액보다는 진심이 중요하며, 직접 찾아뵙고 "부모님의 사랑과 헌신 덕분에 첫 월급을 받게 되었습니다. 항상 감사드립니다."와 같은 메시지를 전하면 그 감동이 배가될 것입니다.

또한, 오랜 시간 곁을 지켜준 친구들에게도 첫 월급의 기쁨을 나누는 것이 좋습니다. 친구들과의 모임에서 식사나 술값을 계산하거나, 부담 없는 선에서 작은 선물을 준비할 수 있습니다. 너무 과도한 지출은 오히려 친구들에게 부담을 줄 수 있으니, 함께 즐길 수 있는 적절한 규모를 선택하는 지혜가 필요합니다.

회사 내 관계를 돈독히 하는 것도 중요합니다. 첫 월급은 팀원 전체에게 긍정적인 인상을 심어줄 수 있는 좋은 기회입니다. 팀원들에게 커피나 빵 같은 부담 없는 간식을 돌리며 "첫 월급 받아서 작은 성의를 표합니다. 항상 많이 가르쳐주셔서 감사합니다!"와 같은 메시지를 전달하세요. 이는 당신의 센스와 겸손함을 동시에 보여주며, 앞으로 좋은 관계를 이어가고 싶다는 무언의 메시지를 전달합니다. 특히 당신을 많이 도와준 선배나 멘토에게는 따로 식사 대접을 제안하거나 작은 선물을 준비하여 개인적인 감사를 표현하는 것도 좋은 방법입니다.

마지막으로, 첫 월급은 미래를 위한 현명한 재정 습관을 형성하는 중요한 시작점입니다. 감사의 표현 외에도 첫 월급의 일부를 미래를 위한 저축이나 소액 투자에 할당하는 습관을 들이세요. 또한, 업무 관련 서적 구매나 온라인 강의 수강 등 당신의 역량을 강화하는 데 투자하는 것은 자신을 위한 최고의 소비입니다. 첫 월급의 기쁨에 들떠 충동적인 소비를 하는 것은 피하고, 장기적인 관점에서 의미 있는 소비를 계획하는 것이 현명한 재정 습관의 첫걸음입니다.

임원이 주목하는 핵심

① 첫 월급을 받으면 부모님과 동료에게 감사함을 표현하세요.
② 첫 월급은 투자와 현명한 재정 습관의 시작입니다.

2장
직장 내 괴롭힘! 생존 전략

직장 내 괴롭힘은 단순히 개인의 불행을 넘어 팀과 조직 전체의 생산성, 사기, 그리고 문화에 심각한 악영향을 미치는 문제입니다. 특히 신입사원이나 주니어 직원은 이러한 상황에 더욱 취약할 수 있습니다. 이 장에서는 직장 내 괴롭힘의 다양한 유형과 실제 사례를 통해 그 실체를 파악하고, 발생 시 현명하게 대처하며 궁극적으로는 영리하게 예방하는 실질적인 생존 전략을 제시합니다. 건강한 직장 생활을 위한 필수적인 지식과 용기를 가지시길 바랍니다.

직장 내 괴롭힘 및 갑질의 실제 사례

새로운 시작은 늘 설렘과 기대로 가득합니다. 졸업하고, 취업 문을 뚫고 마침내 사회생활의 첫발을 떼는 20대, 그리고 주니어로서 한창 경력을 쌓아가는 30대에게 직장은 단순한 일터 그 이상이죠. 하지만 때로는 우리가 예상치 못한 어두운 그림자가 드리워지기도 합니다. 직장 내 갑질과 괴롭힘은 단순한 업무 스트레스를 넘어 심각한 위협이 될 수 있습니다. 이는 개인의 삶은 물론, 우리 젊은 세대가 꿈꾸는 건강한 조직 문화에도 악영향을 미치는 고질적인 문제입니다.

직장 내 괴롭힘 신고 건수가 지속적으로 증가하고 있음을 알 수 있습니다. 직장 내 괴롭힘으로 인한 산재 인정 건수 증가, 그리고 공무원 징계 건수 증가 등 간접적인 통계를 통해 그 심각성을 유추해 볼 수 있습니다. 이러한 문제의 심각성은 통계로도 나타납니다. 고용노동부에 접수된 직장 내 괴롭힘 신고 건수는 꾸준히 증가하여, 2020년 5,823건에서 2024년에는 1만 2,253건으로 두 배 이상 증가했습니다. (출처:고용노동부 자료) 또한, 직장 내 괴롭힘으로 인한 산업재해 인정 건수도 2019년

20건에서 2023년 185건으로 크게 늘어났으며, 이 중 직장 내 괴롭힘으로 극단적 선택을 한 사건도 29건에 달합니다. (출처: 2023.11.22. 고용노동부 및 근로복지공단 자료)

특히 공공기관의 경우, 직장갑질119의 2024년 2분기 설문조사에 따르면 중앙·지방공공기관 종사자의 괴롭힘 경험률은 25.8%에 달했습니다. (출처: 직장갑질119) 비록 자살이나 이직에 대한 직접적인 공인기관 통계는 찾기 어렵지만, 이러한 수치들은 직장 내 괴롭힘이 여전히 우리 사회의 심각한 문제임을 명확히 보여줍니다. 이 글에서는 우리 사회에서 실제로 발생했던 몇몇 안타까운 사례들을 통해 직장 내 갑질과 괴롭힘의 실체를 이해하고, 이러한 상황을 미리 인지하며 현명하게 대처하는 지혜를 모색하고자 합니다. 이 사례들은 특정 조직이나 직군에만 국한된 문제가 아니라, 우리 주변 어디에서나 발생할 수 있는 현실임을 보여줍니다. 다음은 실제 사례를 살펴보겠습니다.

첫째, 벼랑 끝에 선 열정(과도한 업무와 폭언)입니다. 직장에 첫발을 디딘 우리는 종종 '열정'이라는 이름으로 과도한 업무에 노출되곤 합니다. 야근과 주말 출근은 기본이고, 여기에 폭언과 인격 모독적인 발언이 더해지면 감당하기 힘든 심리적 압박으로 다가오죠. 특히 엄격한 위계질서가 존재하는 조직에서는 이러한 문제가 더욱 심화될 수 있습니다.

사례 1. 젊은 검사의 비극

2016년, 33세의 젊은 검사가 스스로 생을 마감했습니다. 임용된 지 얼마 되지 않아 직속 상사로부터 상습적인 폭언과 인격 모독에 시달렸다고 합니다. 밤샘 근무는 물론, 주말에도 출근하며 업무에 매달렸지만 돌아오는 것은 질책과 모욕뿐이었다니, 그 압박감이 얼마나 컸을까요? 그의 열정은 과도한 업무와 상사의 부당한 대우 아래 서서히 꺾여갔고, 결국 돌이킬 수 없는 선택으로 이어졌습니다. 이 사건은 검찰 조직의 경직된 문화를 수면 위로 끌어올렸으며, 수직적인 관계에서 발생하는 갑질의 심각성을 우리에게 여실히 보여주었습니다.

둘째, 소통의 단절과 고립(따돌림과 부당한 지시)입니다. 직장 내 괴롭힘은 비단 폭언이나 과도한 업무 지시에만 국한되지 않습니다. 때로는 교묘하게 소통을 단절시키거나 의도적인 따돌림, 그리고 부당한 업무 지시의 형태로 나타나기도 합니다. 이는 피해자를 고립시키고 자존감을 훼손하여 극심한 정신적 고통을 안겨줄 수 있습니다.

사례 2. 신입 9급 공무원의 절규

2024년, 임용 두 달 만에 꽃다운 나이의 9급 공무원이 세상을 떠났습니다. 유가족은 담당 팀장의 모욕적인 언행과 과중한 업무가 주된 원인이라고 주장했습니다. 아직 업무에 미숙한 신입에게는 실수에 대한 질책보다는 배우고 성장할 수 있는 기회가 필요합니다. 하지만 이 사건은 오히려 모욕과 폭언으로 신입의 성장을 가로막고 결국 돌이킬 수 없는 결과를 초래했습니다. 우리 주변에서도 간혹 이런 선배들을 만날 수 있죠.

셋째, 대기업의 그림자(조직 문화와 경쟁 속의 괴롭힘)입니다. 규모가 크고 체계적인 대기업이라고 해서 직장 내 괴롭힘으로부터 자유로운 것은 아닙니다. 오히려 과도한 경쟁, 성과주의, 그리고 경직된 조직 문화가 또 다른 형태의 갑질을 낳기도 합니다.

사례 3. 대기업 임원의 폭언과 갑질

2018년, 국내 유명 대기업 임원의 수행 기사가 상습적인 폭언과 폭행에 시달리다 극단적인 선택을 시도한 사건이 있었습니다. 해당 임원은 운전 중 폭언은 물론, 인격 모독적인 발언과 갑질 행위를 일삼았으며, 심지어 특정 브랜드 제품을 사 오라고 지시하는 등 사적인 심부름까지 시켰다고 알려졌습니다.

사례 4. IT 대기업 개발자의 과로사

2021년, 국내 대형 IT 기업의 젊은 개발자가 과로와 스트레스로 사망한 사건이 있었습니다. 비록 직접적인 '괴롭힘'으로 명시되지는 않았으나, 밤샘 근무와 주말 출근이 일상화된 과도한 업무 강도, 그리고 높은 성과 압박 속에서 발생한 비극으로 해석되었습니다. 특히 IT 업계는 빠른 변화와 치열한 경쟁으로 인해 신입 직원들도 감당하기 어려운 수준의 업무량과 스트레스에 시달리는 경우가 많습니다. 이는 명시적인 괴롭힘이 아니더라도 조직 문화 자체가 개인을 소진시키는 형태로 작용할 수 있음을 시사합니다.

넷째, 중소기업의 취약성(열악한 환경과 방치된 괴롭힘)입니다. 중소기업은 대기업에 비해 시스템이 제대로 갖춰지지 않은 경우가 많아 직장 내 괴롭힘에 대한 대처나 신고 절차가 미흡할 수 있습니다. 또한, 소수 인원으로 운영되기 때문에 인간관계의 문제가 더욱 직접적으로 개인에게 영향을 미치기도 합니다.

사례 5. 디자인 회사 신입 직원의 좌절

2019년, 한 디자인 회사에서 근무하던 신입 직원이 퇴사를 앞두고 극단적인 선택을 한 사건이 있었습니다. 해당 직원은 상사로부터 상습적인 폭언과 모욕을 당했으며, 업무 능력에 대한 비난과 함께 사적인 심부름까지 강요당했다고 합니다. 규모가 작은 회사에서는 괴롭힘의 목격자가 적거나, 신고 시스템이 부재하여 피해자가 홀로 고통을 감내해야 하는 경우가 많아 더욱 취약할 수 있습니다.

사례 6. 제조업체 신입 사원의 따돌림

2020년, 지방의 한 중소 제조업체에서 신입 사원이 스스로 목숨을 끊었습니다. 유가족은 그가 직장 내에서 따돌림과 부당한 대우를 받았다고 주장했습니다. 특히 규모가 작은 사업장에서는 한번 따돌림이 시작되면 가해자의 공간을 피해자가 벗어나기 어렵고, 주변의 시선과 함께 심리적인 압박이 커져 극단적인 상황으로 이어지기도 합니다.

임원이 주목하는 핵심

직장 내 괴롭힘을 제대로 알고 대응할 필요가 있습니다.

괴롭힘 및 갑질 사례로 본 교훈

　우리가 함께 마주했던 그 안타까운 사례들은 단순한 뉴스 기사가 아니었습니다. 젊은 검사의 극단적인 선택, 신입 9급 공무원의 절규, 대기업 임원의 폭언, IT 개발자의 과로사, 그리고 중소기업 신입 직원의 좌절과 따돌림. 이 모든 이야기는 '열정'과 '성장'이라는 이름 아래 얼마나 많은 이들이 보이지 않는 고통 속에 놓여 있었는지, 그리고 여전히 많은 직장인이 그러한 아픔을 겪고 있는지 가슴 아프게 깨닫게 합니다. 이제 막 사회생활에 첫발을 내딛는 여러분에게 이 비극적인 사건들이 그저 먼 이야기로 들리지 않기를 바랍니다. 오히려 이 깊은 슬픔 속에서 우리는 소중한 교훈을 얻을 수 있으며, 이는 단순한 인지를 넘어선 우리의 행동 변화로 이어져야 합니다.

　직장 내 괴롭힘은 개인의 문제가 아닌, 우리 모두가 관심을 가져야 할 구조적인 문제입니다. 우리는 흔히 직장 내 괴롭힘을 당하는 사람을 보며 '저 사람은 왜 저렇게 나약할까?', '조금만 더 참지 그랬어'라는 생각을 할 때가 있습니다. 하지만 앞서 본 사례들은 이러한 인식이 얼마나 잘못

되었는지를 명확히 보여줍니다. 뛰어난 능력과 열정을 가졌던 젊은 검사는 수직적이고 경직된 조직 문화 속에서 직속 상사의 상습적인 폭언과 인격 모독을 견뎌야 했습니다. 그에게 부족한 것은 능력이 아니라, 건강하지 못한 조직이 개인을 옥죄는 방식이었습니다.

대기업 임원의 폭언과 갑질 또한 단순히 그 임원 개인의 인성 문제라고만 치부할 수 없습니다. 권위적이고 성과 지상주의적인 기업 문화가 이러한 부당한 행위를 묵인하거나 심지어 부추기는 배경이 되었을 가능성을 우리는 간과할 수 없습니다. 명시적인 괴롭힘은 아니었지만, IT 개발자의 과로사 역시 과도한 업무 강도와 무리한 성과 압박이라는 조직 문화가 한 개인의 삶을 벼랑 끝으로 내몰 수 있음을 경고합니다. 이처럼 직장 내 괴롭힘은 결코 피해자 개인의 성격이나 능력 부족으로 발생하는 것이 아님을 명확히 이해해야 합니다. 오히려 기업의 규모나 업종을 막론하고 뿌리 깊게 박힌 잘못된 관행과 권력 남용이 만연해 있다는 증거이며, 여러분이 앞으로 마주할 수 있는 현실임을 반드시 인지하고 경계해야 합니다. 여러분의 잘못이 아니라는 점을 분명히 기억해야 합니다.

괴로운 상황에 처했을 때, 도움을 요청하는 것은 결코 나약함이 아닌, 자신을 지키기 위한 가장 용기 있는 행동입니다. 임용 두 달 만에 극단적인 선택을 한 신입 9급 공무원의 이야기는 우리를 깊은 슬픔에 잠기게 합니다. 업무에 미숙한 신입에게 필요한 것은 질책이 아닌 따뜻한 배움의 기회였음에도 불구하고, 그는 모욕적인 언행과 과중한 업무에 홀로 고통받았을 것입니다. 디자인 회사 신입 직원의 따돌림이나 제조업체 신입 사원의 폭언 경험도 마찬가지입니다. 규모가 작은 회사에서 도움을 요청할 창구가 없거나, 혹은 혹시 불이익을 당할까 봐 두려워 주저했을 가능성이 큽니다. 이러한 비극은 혼자서 모든 것을 감당하려 할 때 얼마나 큰 위험에 처할 수 있는지를 뼈저리게 경고합니다.

직장 내 괴롭힘은 시간이 지날수록 피해자를 더욱 고립시키고 자존감을 훼손하며, 결국 돌이킬 수 없는 결과를 초래할 수 있습니다. 마치 서서히 스며드는 독처럼, 당신의 삶을 잠식해 들어갈 수 있습니다. 그러니 부디, 단 한 순간도 주저하지 마십시오. 신뢰할 수 있는 동료, 선배, 가족, 친구에게 적극적으로 마음을 열고 도움을 요청하십시오. 가까운 사람에게 이야기하는 것만으로도 고통의 무게를 조금이나마 덜어낼 수 있습니다. 또한, 사내 상담센터, 고용노동부 직장 내 괴롭힘 상담센터, 대한법률구조공단 등 여러분을 도울 수 있는 외부 전문 기관들이 존재합니다. 이들은 여러분의 상황을 객관적으로 듣고, 법적·심리적 지원을 제공할 준비가 되어 있습니다. 여러분은 혼자가 아니며, 우리 사회에는 여러분의 손을 잡아줄 수 있는 다양한 지원 체계가 존재함을 잊지 마십시오. 당신의 용기 있는 한 걸음이 자신을 살리는 길임을 명심해야 합니다.

궁극적으로, 우리 모두는 건강한 직장 문화를 만들어 나갈 책임이 있으며, 이는 신입사원 때부터 시작되어야 합니다. 지금 이 책을 읽고 있는 여러분은 사회생활에 첫발을 내딛는 소중한 신입사원이지만, 머지않아 누군가의 선배가 되고, 팀의 리더가 될 것입니다. 따라서 단순히 부당한 상황을 피하고 스스로를 보호하는 방법을 배우는 것에 그쳐서는 안 됩니다. 우리가 겪었던 이러한 비극이 미래의 후배들에게는 되풀이되지 않도록 건강한 직장 문화를 만들어 나가는 데 적극적으로 기여해야 합니다.

사무실에서 누군가 부당한 지시나 언행을 하는 것을 목격했을 때, 그것이 비록 나에게 직접적인 피해가 아니더라도 외면하지 않고 용기 내어 목소리를 내는 것. 피해를 겪는 동료나 선배의 편에 서서 조용히 지지해 주는 것. 혹은 더 나아가 회사 내부에 건강한 소통 문화를 제안하고 동참하는 것. 모두가 존중받는 직장 환경을 만드는 데 중요한 역할을 합니다. 여러분의 작은 행동이 모여 거대한 변화를 만들어낼 수 있다는 믿음을 가지십시오.

임원이 주목하는 핵심

① 직장 내 괴롭힘은 잘못된 조직 문화에서 비롯됩니다.
② 괴롭힘을 당했을 때는 도움을 요청하는 용기가 필요합니다.

직장 내 괴롭힘의 정의와 유형

직장인 여러분, 출근길이 두렵고, 회사만 생각하면 가슴이 답답한가요? 혹시 당신을 힘들게 하는 그 무언가가 '직장 내 괴롭힘'은 아닐까 고민하고 있지는 않나요? '이게 괴롭힘이야?', '내가 예민한 건가?' 아리송할 때가 많을 겁니다. 하지만 당신의 직장 생활을 힘들게 만드는 것은 바로 '직장 내 괴롭힘'일 가능성이 높습니다. 단순히 '참고 견디면 좋은 날이 올 거야'라는 무조건적인 존버 정신은 때로는 독이 될 수 있습니다. 직장 내 괴롭힘을 제대로 알고 현명하게 대처하는 것은 당신의 정신 건강을 지키고, 성공적인 직장 생활을 만드는 데 필요한 강력한 지혜입니다. 이것은 개인적인 감정의 문제가 아니라, 당신의 커리어와 삶을 보호하기 위한 필수적인 지식입니다.

대한민국 근로기준법 제76조의2에 따르면, '직장 내 괴롭힘'이란 사용자 또는 근로자가 직장에서의 지위 또는 관계 등의 우위를 이용하여 업무상 적정 범위를 넘어 다른 근로자에게 신체적·정신적 고통을 주거나 근무 환경을 악화시키는 행위로 정의됩니다. 중요한 4가지 요소를 기억하세요.

첫째, 물리적 괴롭힘(신체적 폭력 및 위협)이란 신체에 직접적인 해를 가하거나, 폭행을 가하겠다고 위협하여 공포심을 조성하는 행위로서 가장 직접적이고 명확한 형태의 괴롭힘입니다. 이는 신체적 폭행뿐만 아니라 물건을 던지거나 파손하는 등 폭력적인 분위기를 조성하는 행위도 포함됩니다. 행위의 예시로는 때리거나 밀치는 등 신체에 직접적인 상해를 가하는 행위, 분풀이로 주변 물건을 던지거나 파손하여 공포감을 조성하는 행위가 해당됩니다.

2018년 모 유명 외식 프랜차이즈 대표의 '맷값 폭행' 사건은 물리적 괴롭힘의 대표적인 예입니다. 이 대표는 운전기사에게 상습적으로 폭언과 함께 골프채 등으로 폭행을 가하고, 심지어 유통기한이 지난 썩은 빵을 던지며 먹으라고 강요하는 등 극심한 물리적·언어적 괴롭힘을 가했습니다. 이 사건은 사회적으로 큰 공분을 샀으며, 경영자의 지위 우위를 이용한 명백한 갑질이자 물리적 괴롭힘으로 지탄받았습니다. 피해 운전기사는 신체적 상해뿐만 아니라 정신과 치료까지 받는 등 심각한 피해를 입었으며, 해당 대표는 폭행 등의 혐의로 기소되어 유죄 판결을 받았습니다.

둘째, 언어적 괴롭힘으로 폭언, 욕설, 모욕적인 언행, 비하하는 발언 등으로 상대방의 자존감을 훼손하고 정신적 고통을 주는 행위로서 눈에 보이지 않지만 피해자에게 깊은 상처를 남기는 괴롭힘입니다. 행위의 예시로는 "야 이 XX야", "개새끼", "쓰레기" 등 직접적인 욕설이나 인신공격성 발언. "너 같은 게 뭘 할 수 있겠어?", "대가리가 있으면 생각 좀 해라" 등 상대방의 능력이나 인격을 폄하하고 비하하는 발언. 외모, 학력, 가족, 성별, 지역 등을 비하하거나 조롱하는 발언. 특정 단어를 반복적으로 사용하여 상대방을 괴롭히는 행위, 성적인 농담, 외모 품평, 특정 신체 부위에 대한 언급 등 성적 수치심을 유발하는 발언(이는 직장 내 성희롱으로도 연결됩니다), 다른 직원들이 있는 곳에서 의도적으로 피해자를 깎아내리거나 비웃는 행위가 해당됩니다.

2016년 발생한 젊은 검사의 사망 사건에서는 직속 상사의 상습적인 폭언과 인격 모독이 주요 원인으로 지목되었습니다. "잠은 집에서 자는 거다", "네가 할 수 있는 건 아무것도 없다"와 같은 폭언과 함께 사적인 심부름을 강요하고, 공개적인 장소에서 모욕적인 발언을 서슴지 않았다는 주장이 제기되었습니다. 이러한 언어적 괴롭힘은 피해자의 정신을 피폐하게 만들어 결국 극단적인 선택으로 몰고 갔습니다. 이 사건으로 해당 상사는 해임되었으며, 검찰 조직 내의 경직된 언어 사용 문화에 대한 반성의 목소리가 높아졌습니다.

셋째, 심리적 괴롭힘으로 집단 따돌림, 업무 배제, 사적인 관계 단절 등으로 심리적 압박을 가하고 고립시키는 행위로서 피해자가 스스로 고립되었다고 느끼게 만들며 극심한 정신적 고통을 주는 교묘한 유형입니다. 눈에 띄는 폭력이나 폭언은 없지만, 피해자를 조직 내에서 투명 인간 취급하거나 심리적으로 압박하여 고통을 줍니다. 행위의 예시로는 특정 직원을 회의, 회식, 업무 공유 등에서 의도적으로 배제하고 무시하는 행위, 눈치 주는 행동, 험담, 비웃음 등으로 고립시키는 행위, 업무에 필요한 정보나 지시를 의도적으로 전달하지 않거나, 대화를 거부하여 업무 수행에 지장을 주는 행위, 의도적으로 인사를 받지 않거나, 특정 직원에게만 퉁명스럽게 대하는 등 감정적으로 고립시키는 행위, 피해자에 대한 근거 없는 소문을 유포하거나, 불필요하게 감시하는 행위가 해당됩니다.

  2020년 지방의 한 중소 제조업체 신입 사원의 극단적 선택은 심리적 괴롭힘, 특히 따돌림이 얼마나 치명적인 결과를 초래할 수 있는지 보여주는 안타까운 사건입니다. 유가족에 따르면 이 신입 사원은 직장 내에서 의도적인 따돌림과 부당한 대우를 받아왔다고 합니다. 신입이라는 이유로 무시당하고, 업무에서 배제되며, 점심시간에도 함께 식사하지 못하는 등 조직 내에서 철저히 고립되었다는 정황이 드러났습니다. 명확한 폭행이나 폭언은 없었으나, 심리적 고통이 극에 달해 결국 돌이킬 수 없는 선택으로 이어진 사례로, 심리적 괴롭힘의 잔혹성을 일깨웠습니다.

  넷째, 업무적 괴롭힘은 업무와 관련하여 부당한 지시, 과도한 업무, 업무 미부여 등으로 정신적·신체적 고통을 주거나 근무 환경을 악화시키는 행위로서 가장 흔하게 발생하며, '이게 괴롭힘이야?' 아리송하게 만드는 유형입니다. 업무의 탈을 쓰고 이루어지는 경우가 많아 판단이 쉽지 않을 수 있습니다.

  구체적인 예시로는 개인적인 심부름(예: 상사 자녀 등하원, 명절 선물 구매), 사적인 업무 지시, 불법적이거나 위험한 업무 강요 및 지시, 다른 직원보다 현저히 많은 업무량을 부여하거나, 비현실적인 마감 기한을 설정하여 과도한 압박을 주는 행위, 특정 직원의 업무를 빼앗거나, 중요한 업무에서 의도적으로 배제하여 능력을 발휘할 기회를 박탈하고 무력감을 느끼게 하는 행위가 해당됩니다.

  2024년 임용 두 달 만에 세상을 떠난 신입 9급 공무원 사건은 업무적 괴롭힘과 언어적 괴롭힘이 복합적으로 작용한 사례입니다. 유가족은 담당 팀장의 모욕적인 언행뿐만 아니라, 아직 업무에 미숙한 신입에게 과중한 업무를 부여하고, 그 과정에서 실수에 대한 극심한 질책을 가하는 등 부당한 업무 환경을 조성했다고 주장했습니다. 이러한 '번아웃'을 유발하는 과도한 업무 환경 또한 넓은 의미의 업무적 괴롭힘으로 인식될 필요성이 제기됩니다.

임원이 주목하는 핵심

① 괴롭힘은 우월적 지위를 이용한 부당한 행위입니다.
② 가해자 및 사업주는 법적인 처벌을 받을 수 있습니다.

업무 능력 부족 시 자책 금지

직장에 첫발을 내디딘 신입사원 여러분은 종종 업무에 대한 지적이나 동료들의 싸늘한 시선을 마주할 때가 있습니다. 이때 많은 이들이 '내가 업무 능력이 부족해서 이런가?', '혹시 내 잘못 때문에 이런 상황이 생긴 건가?' 하고 스스로를 자책하곤 합니다. 하지만 직장 내 괴롭힘과 단순히 업무 능력 부족으로 인한 정당한 피드백을 혼동하여, 불필요하게 자신을 탓하는 경우가 생각보다 많다는 사실을 아셔야 합니다. '이게 정말 괴롭힘일까?', '아니면 내가 그저 일을 잘 못해서 이런 일을 겪는 걸까?'라는 아리송한 고민은 여러분의 정신을 갉아먹고, 직장 생활을 견디기 힘들게 만들 수 있습니다.

결코 잊지 마세요. 여러분의 업무 능력이 부족하지 않음에도 불구하고 부당한 대우를 받으며 고통받는 일은 이제 멈춰야 합니다. 여러분의 상황을 객관적으로 판단하기 위해 다음 3가지 질문을 스스로에게 던져 보세요.

첫째, 가장 먼저 따져봐야 할 것은 지적의 구체적인 내용입니다. 지적이 여러분의 업무와 직접적인 관련이 있는지, 아니면 업무와는 무관하게 개인적인 부분을 비난하는 내용인지를 파악하는 것이 중요합니다. 지적의 내용이 업무 수행과 직접적인 관련이 있다면, 예를 들어 '보고서에 오타가 많으니 다시 확인해 달라'거나 '제출 기한을 지키지 못했으니 다음부터는 더 신경 써달라'와 같이 구체적인 업무 결과나 과정에 대한 피드백이라면 이는 정당한 지적일 가능성이 큽니다. 반면, "너 같은 머리로 뭘 할 수 있겠어? 이 보고서가 보고서냐? 이러니 네가 그 모양이지"처럼 업무와 전혀 관계없이 여러분의 인격이나 능력을 비하하는 인신공격성 발언이라면 명백한 괴롭힘입니다.

또한, 지적의 내용이 여러분의 인격, 성격, 외모, 학벌, 가족 등 업무와 무관한 개인적인 부분을 비난하는 내용인지, 아니면 업무의 개선이나 성장을 위한 구체적인 요구인지를 구분해야 합니다. "이번 결과가 기대에 못 미쳐서 아쉽지만, 다음엔 더 잘할 수 있을 거예요. 제가 도와줄 부분이 있으면 이야기해 주세요"는 여러분의 성장을 돕기 위한 건설적인 피드백입니다. 그러나 "야, 너 때문에 내 스트레스가 폭발한다! 너 때문에 내가 미쳐버리겠어!"처럼 감정적인 폭발과 함께 욕설을 내뱉으며 책임을 전가하는 것은 괴롭힘에 해당합니다. "이 부분은 이렇게 고치면 더 효율적일 것 같아요"는 업무 개선을 위한 조언이지만, "그렇게 둔해서 어디다 써먹을래? 너는 아무리 가르쳐도 안 될 것 같아"는 능력을 폄하하고 비하하는 부당한 언행입니다.

둘째, 지적의 내용만큼이나 중요한 것이 지적이 이루어지는 방식입니다.
지적하는 사람의 태도와 상황을 통해 그 의도를 엿볼 수 있습니다. 지적이 다른 동료들이 모두 듣는 공개적인 자리에서 이루어지는가? 아니면 개인적인 자리에서 조용히 이루어지는가?를 따져보세요. "잠깐 이야기 좀 할까? 네가 맡은 프로젝트에서 A부분이 좀 미흡한데, 이렇게 개선하는 게 어때?"와 같이 개인적으로 조언하는 방식은 정당한 피드백입니다. 그러나 "모두 다 들어봐! 얘가 이거 하나 제대로 못 해서 우리 팀 전체가 망신당했어! 제정신이냐?"처럼 다른 직원들이 있는 앞에서 공개적으로 모욕을 주고 비난하여 망신을 주는 행위는 명백한 괴롭힘의 일종입니다.

또한, 지적하는 사람의 태도가 감정적으로 격앙되어 욕설이나 폭언을 섞는가? 아니면 차분하고 이성적인 어조로 문제점을 설명하는가?를 보세요. "이 데이터는 이렇게 분석하는 것이 더 정확합니다. 다음부터는 이 방법을 활용해 보세요"처럼 차분하고 이성적인 지시는 업무 개선에 도움이 됩니다. 하지만 "야, 너 때문에 내가 진짜 돌겠어! 이딴 식으로 일할 거면 당장 나가!"처럼 감정적인 폭언과 함께 퇴사를 종용하는 것은 괴롭힘입니다. 이러한 감정적인 비난은 업무 개선과는 거리가 멀고, 오히려 관계를 파괴하고 여러분에게 극심한 정신적 고통을 안겨줄 뿐입니다.

셋째, 지적의 내용과 방식만큼이나 중요하며, 때로는 가장 파악하기 어려운 부분은 바로 지적하는 사람의 '진정한 의도'입니다. 이는 앞서 살펴본 내용과 방식에 대한 판단을 통해 유추할 수 있습니다. 지적하는 사람이 여러분의 업무 능력 향상이나 성장을 진심으로 바라는 의도가 보이는가? 혹은 개선을 위한 구체적인 대안을 제시하거나, 추가적인 교육 기회를 주려 하는가?를 판단해 보세요. "이 부분은 네가 잘 몰라서 그럴 수 있어. 내가 관련된 자료를 보내줄 테니 참고해 봐"와 같이 개선을 위한 실질적인 도움을 주려는 의도가 있다면 정당한 피드백입니다. 반면, "나는 이미 다 아는 건데, 너만 모르네? 그럼 너는 도대체 뭘 하는 거니? 한심하다"처럼 무시하거나 비아냥거리는 말투로 여러분의 자존감을 훼손하려는 의도가 있다면 이는 괴롭힘입니다.

마지막으로, 지적을 빙자하여 여러분을 힘들게 하거나, 업무에서 배제하려는 의도가 보이는가? 혹은 지적 후에 개선의 기회를 주지 않고 계속해서 트집만 잡는가?를 질문해보세요. "다음에 같은 실수를 반복하지 않으려면 어떤 점을 신경 써야 할까?"처럼 문제점을 지적한 후에도 개선을 유도하고 대화를 시도하는 것은 정당한 소통입니다. 그러나 "너는 이건 하지 마. 그냥 다른 사람 시킬게"처럼 특정 업무에서 아예 배제시키거나, 능력에 대한 불신을 표명하며 고립을 유도하는 것은 괴롭힘에 해당합니다.

이러한 3가지 질문들을 통해 자신의 상황을 객관적으로 분석하는 연습이 필요합니다. 만약 여러분이 받고 있는 지적이 '업무와 무관한 개인적인 비난', '공개적인 모욕', '감정적인 폭발', '성장 지원 의도 부재', '업무 배제 의도' 등의 특징을 보인다면, 이는 단순한 업무 능력 부족에 대한 피드백이 아닌 명백한 직장 내 괴롭힘일 가능성이 매우 높습니다.

임원이 주목하는 핵심

① 지적 내용이 업무 관련인지, 인신공격인지 파악하세요.
② 공개적 비난은 괴롭힘이며, 조언과 구분해야 합니다.
③ 지적하는 상사의 의도가 성장을 돕는 것인지 파악하세요.

공론화 전 지혜롭게 대처하기

고용노동부의 조사에 따르면 직장인 열 명 중 일곱 명이 직장 내 괴롭힘을 경험했으며, 대부분의 직장인이 이러한 상황을 홀로 감당하며 힘든 시간을 보내고 있습니다. 직장 내 괴롭힘을 겪을 때, 혼자 힘들어하기보다는 주변인과 전문가의 도움을 구하는 것이 중요합니다. 특히, 사회생활 경험이 풍부하고 당신을 가장 아끼는 부모님은 가장 좋은 조력자가 될 수 있습니다. 부모님께 상의하는 것과 더불어, 객관적인 시각을 제공하는 전문 기관들의 도움을 적극적으로 활용하는 것도 현명한 방법입니다.

첫째, 부모님과의 상담입니다. 부모님은 당신이 겪는 어려움을 진심으로 공감하고 이해해 줄 수 있는 가장 가까운 존재입니다. 비록 현재의 직장 문화와는 다를지라도, 오랜 사회생활 경험을 바탕으로 현실적이고 진정성 있는 조언을 해줄 수 있습니다. 부모님과의 대화를 통해 문제 해결을 위한 지혜를 얻고, 심리적인 위안을 얻을 수 있습니다.

둘째, 전문 기관의 도움을 활용하는 방법입니다. 고용노동부 고객상담센터는 고용노동부 직제 규정 및 관련 법령에 따라 운영되는 국가 기관입니다. 직장 내 괴롭힘과 관련하여 가장 기본적인 상담 창구 역할을 하며, 법적인 정의, 신고 절차, 회사의 의무 등에 대한 정확한 정보를 얻을 수 있습니다. 익명 상담이 가능하여 초기 단계에서 부담 없이 접근할 수 있다는 강점이 있습니다. 국번 없이 1350으로 전화하거나, 고용노동부 홈페이지 내 '민원 마당' 또는 '정책 마당'에서 관련 정보를 찾을 수 있습니다.

다음은 시민단체(직장갑질119 등)의 도움받기입니다. 직장갑질119와 같은 비영리 민간단체 또는 시민단체는 직장 내 괴롭힘 문제 해결을 위해 자발적으로 설립되어 활동합니다. 이들 단체는 직장 내 괴롭힘 문제에 특화되어 있으며, 다양한 실제 사례와 풍부한 경험을 바탕으로 현실적인 조언을 제공합니다. 익명 게시판이나 무료 상담을 통해 유사 사례를 확인하고, 자신의 상황에 맞는 대처 방안을 심층적으로 논의할 수 있다는 강점이 있습니다.

그리고 직업 트라우마센터를 통한 심리 지원받기입니다. 직업 트라우마센터는 산업재해보상보험법 제118조의4에 따라 설치된 기관으로, 직업병이나 직무 스트레스로 인한 정신건강 문제 해결을 지원합니다. 이 기관은 직장 내 괴롭힘으로 인한 정신적 스트레스나 트라우마 치유에 중점을 둔 전문 기관입니다. 심리상담과 치료를 통해 고통을 극복하고, 문제 해결 과정에서 발생할 수 있는 심리적 어려움을 관리하는 데 도움을 줍니다. 근로복지공단 직업 트라우마센터 홈페이지 또는 근로복지공단 대표 전화(1588-0075)를 통해 각 지역별 센터 연락처와 정보를 확인할 수 있습니다.

셋째, 경험 많은 개인 컨설턴트와의 심층 상담 고려하기입니다. 법률적, 제도적 지식 외에 다년간의 컨설팅 경험과 다양한 직장 문제 해결 노하우를 바탕으로, 복잡한 인간관계와 조직 역학을 고려한 맞춤형 전략을 제시해 줄 수 있는 경험 많은 개인 컨설턴트와의 상담도 고려할 수 있습니다. 이러한 컨설턴트들은 단순히 법적 절차를 넘어, 심리적인 측면과 커리어 관리 관점에서 최적의 해결안을 함께 모색합니다. 특히 내부 고발자로 낙인찍히지 않으면서도 문제를 해결할 수 있는 비공식적인 접근법이나 협상 전략에 대한 실질적인 조언이 가능하다는 강점이 있습니다.

이러한 외부 전문가들은 비밀 유지를 원칙으로 하며, 객관적인 시각에서 당신의 상황을 진단하고 최적의 해결 방안을 제시해 줄 것입니다. 공론화 전에 충분한 정보를 얻고 전략을 세우는 것은 당신의 권리를 보호하고, 불필요한 2차 피해를 최소화하며, 궁극적으로는 건강한 직장 생활을 위한 가장 현명하고 실용적인 지혜입니다. 당신이 혼자 힘들어하지 않고 이러한 자원들을 적극적으로 활용하여 직장 내 괴롭힘 문제를 슬기롭게 극복하기를 바랍니다.

임원이 주목하는 핵심

공론화 전, 2차 피해를 최소화하고 비밀 유지를 보장받을 수 있는 외부 기관에 컨설팅을 받는 것을 추천합니다.

공론화는 이성적으로
현명하게 진행하기

앞서 공론화 전의 대처 방안들을 알아보았지만, 때로는 이러한 노력에도 불구하고 괴롭힘이 지속되거나, 상황이 너무 심각하여 즉각적인 공론화가 필요한 경우가 생깁니다. 이때 중요한 것은 무작정 행동하기보다는 철저한 준비와 전략적인 접근으로 2차 피해를 최소화하고 문제를 해결하는 것입니다. 공론화는 그 자체로 쉬운 과정이 아니며, 여러 단계를 거쳐야 합니다. 각 단계에서 증거 확보와 침착한 대응이 중요합니다.

첫 번째 단계는 직속 상사 또는 인사 담당자에게 비공식적 고충 전달하여 초기에 문제를 없애는 단계입니다. 괴롭힘 행위자가 아닌 직속 상사나 신뢰할 수 있는 인사 담당자에게 먼저 비공식적으로 상황을 알리고 도움을 요청할 수 있습니다. 이때는 "누가 언제 나에게 어떤 행동을 했고, 이로 인해 내가 어떤 어려움을 겪고 있다"는 사실을 명확하게 전달합니다. 아직 공식적인 신고 절차는 아니므로, 문제 해결 의지를 보이면서도 사태의 확산을 막으려는 노력을 합니다. 목표는 회사 차원에서 비공식적으로 문제를 해결할 기회를 주는 동시에, 상사나 인사 담당자가 해당 사실을 인지했음을 기록으로 남길 수 있습니다. 만약 이 단계에서 문제가 해결되지 않으면, 다음 단계의 공식적인 절차를 위한 명분이 될 수 있습니다. 유의 사항은 상사나 인사 담당자가 가해자와 가깝거나 문제 해결 의지가 없다고 판단되면 이 단계를 생략하고 다음 단계로 바로 넘어가는 것이 현명합니다.

두 번째 단계는 사내 신고센터 또는 고충 처리 위원회 공식 신고입니다. 방법은 대부분의 회사에는 직장 내 괴롭힘 방지 규정과 함께 사내 신고센터나 고충 처리 위원회가 설치되어 있습니다. 이 기관에 공식적으로 직장 내 괴롭힘 신고서를 제출합니다. 이때 앞서 확보한 구체적인 증거(메시지, 녹취, 이메일, 진료 기록 등)를 함께 제출하는 것이 중요합니다. 목표는 회사 내규에 따라 공식적인 조사 절차를 시작하도록 만듭니다. 회사는 신고 접수 후 지체 없이 조사를 실시하고, 피해자 보호를 위한 적절한 조치(근무 장소 변경, 유급 휴가 등)를 취해야 합니다. 유의 사항은 회사가 정당한 이유 없이 조사 및 조치를 지연하거나 미흡하게 처리할 경우, 이는 고용노동부 신고의 강력한 증거가 됩니다. 신고 시 익명성을 보장한다고 하지만, 사실상 특정될 가능성이 높으므로 이 점을 인지하고 진행해야 합니다.

세 번째 단계는 고용노동부 신고(사내 해결이 어렵거나 미흡할 경우)입니다. 방법은 사내 신고 후에도 문제가 해결되지 않거나, 회사의 대응이 미흡하다고 판단될 경우, 또는 사내 신고 절차 자체가 미흡할 경우 고용노동부에 직장 내 괴롭힘 사실을 신고할 수 있습니다. 고용노동부는 신고를 접수하면 사용자(회사)에게 조사를 지시하고, 필요한 경우 직접 조사에 착수할 수 있습니다. 목표는 공적 기관의 개입을 통해 회사의 책임 있는 조치를 강제하고, 법적인 테두리 안에서 문제를 해결합니다. 고용노동부의 조사 결과에 따라 회사에 시정명령이 내려지거나 과태료가 부과될 수 있습니다. 유의 사항은 고용노동부 신고는 회사의 압박이 더 커질 수 있음을 의미합니다. 따라서 이 단계에서는 노무사나 변호사 등 법률 전문가의 도움을 받는 것이 매우 중요합니다.

> **임원이 주목하는 핵심**
>
> 직장 내 해결을 우선으로 하고, 어려울 경우 외부 기관 도움을 받으세요.

공론화 시 예상 문제점 및 대처방안

직장 내 괴롭힘을 더 이상 참지 않고 '공론화'하려는 당신의 결정은 정말 용기 있는 행동입니다. 그러나 이 길은 결코 순탄치 않을 수 있습니다. 공론화 이후 당신에게 닥칠 수 있는 현실적인 2차 피해를 명확히 인지하고, 이에 대한 구체적이고 현실적인 대처 방안을 마련하는 것이 무엇보다 중요합니다. 이제 막 사회생활에 첫발을 내딛는 당신이 이러한 어려움을 미리 알고 현명하게 대처할 수 있도록, 공론화 시 예상되는 개인적인 2차 피해와 그에 대한 현실적인 대처 방안을 자세히 살펴보겠습니다.

첫째, 당신은 '문제아'라는 낙인과 심리적 고립에 직면할 수 있습니다. 공론화 이후, 당신은 회사 내에서 '내부 고발자', '불평불만을 늘어놓는 사람' 등으로 인식될 수 있습니다. 이는 동료들과의 관계에도 직접적인 영향을 미쳐, 평소 가깝게 지내던 동료들이 갑자기 당신을 피하거나, 업무 논의에서 배제되는 미묘한 따돌림을 경험할 수도 있습니다. 점심 식사

자리에서 당신만 쏙 빼놓고 자리를 뜨거나, 공개적인 자리에서 당신의 의견이 무시되는 상황이 발생하면, '다들 나를 피하는 것 같아. 내가 뭔가 잘못했나?', '분명 내가 피해자인데, 왜 내가 죄인이 된 기분이지?'라는 생각들이 꼬리에 꼬리를 물고 당신을 괴롭힐 것입니다.

둘째, 보복성 인사 조치와 경력상 불이익이라는 현실적인 위협에 노출될 수 있습니다. 회사는 법적으로 보복성 인사 조치를 금지하고 있지만, 이를 교묘하게 회피하는 경우가 빈번합니다. 예를 들어, 당신의 동의 없이 한직으로 전보 발령을 내거나, 업무 강도가 현저히 높거나 낮은 업무를 의도적으로 몰아주는 방식으로 괴롭힘이 재개될 수 있습니다. '부당 해고'라는 직접적인 불이익은 피하더라도, 당신의 성과를 의도적으로 낮게 평가하거나, 승진에서 누락시키는 등의 방식으로 미래의 커리어를 막으려는 시도가 있을 수 있습니다.

셋째, 극심한 심리적 스트레스 가중은 당신을 더욱 힘들게 할 것입니다. 공론화 과정은 문제 해결을 위한 싸움이자, 동시에 가해자 및 회사와의 길고 긴 갈등의 시작이기도 합니다. 조사 과정에서의 반복적인 진술, 가해자와의 대면, 그리고 길어질 수 있는 법정 공방은 당신의 정신적 피로감을 극에 달하게 할 수 있습니다.

공론화 이후, 이러한 현실적인 2차 피해에 대한 두려움 때문에 공론화를 주저할 수도 있지만, 철저히 준비하고 현명하게 대처한다면, 피해를 최소화하고 당신의 권리를 지키며 다시 일어설 수 있습니다. 당신의 용기 있는 결정이 빛을 발하도록, 다음과 같은 대처 방안을 적극적으로 활용하십시오.

첫째, 무엇보다 '증거만이 살길이다'라는 생각으로 철저한 증거 확보 및 관리가 필수적입니다. 공론화는 물론, 그 이후 발생할 수 있는 모든 2차 피해(보복, 따돌림, 부당 업무 지시 등)에 대비하여 모든 상황을 일기처럼 상세히 기록하고 증거를 확보해야 합니다. 이는 추가적인 신고나 법적 대응의 가장 강력한 근거가 됩니다. 언제, 어디서, 누가, 어떤 방식으로 괴롭혔는지 육하원칙에 따라 상세하게 기록하는 것이 중요합니다. 모바일 메신저 대화, 이메일, 녹취록, 사진, 영상 등 확보할 수 있는 모든 형태의 증거를 저장하고, 회사 컴퓨터가 아닌 개인 외장하드, 클라우드, USB 등 안전한 곳에 여러 백업 본을 만들어 보관하십시오.

둘째, '내 마음 건강이 최우선'이라는 인식을 가지고 정신 건강 관리와 외부 전문가와의 동행을 게을리해서는 안 됩니다. 공론화 과정은 엄청난 정신적 스트레스를 동반하므로 혼자 감당하려 하지 마십시오. 직업 트라우마센터나 전문 심리 상담사를 통해 정기적으로 상담을 받고, 필요한 경우 정신과 진료를 병행하며 자신의 정신 건강을 적극적으로 돌봐야 합니다. 전문가와의 상담은 당신의 감정을 해소하고, 건강한 대응 전략을 세우는 데 큰 도움이 될 것입니다.

셋째, 궁극적으로는 관계의 재정립과 회사의 책임 요구, 그리고 새로운 시작의 의지를 가지고 환경 변화에 유연하게 대처해야 합니다. 공론화 이후 기존 동료들과의 관계가 틀어지거나 완전히 단절될 수도 있습니다. 모든 동료에게 당신의 입장을 해명하고 이해시키려 애쓰기보다는, 당신을 진심으로 지지하고 신뢰할 수 있는 소수의 동료들과는 관계를 굳건히 유지하고, 가능하다면 회사 밖에서 새로운 관계를 형성하려는 노력이 필요합니다. 당신에게 실망을 안겨준 관계에만 매달리기보다, 당신의 가치를 알아주는 사람들과의 연결고리를 찾아야 합니다. 이는 당신의 심리적 안정감을 회복하고, 고립감을 해소하는 데 큰 도움이 될 것입니다.

공론화는 분명 어려운 길이지만, 당신의 권리를 지키고 더 나아가 건강한 직장 문화를 만드는 데 기여할 수 있는 중요한 과정입니다. 충분히 준비하고 현명하게 대처한다면, 이 시련을 극복하고 더 나은 미래로 나아갈 수 있을 것입니다. 당신은 이 고통스러운 경험을 통해 더욱 단단하고 지혜로운 사람으로 거듭날 것입니다. 그리고 당신의 이야기는 언젠가 또 다른 누군가에게 용기와 희망이 될 것입니다.

> **임원이 주목하는 핵심**
>
> 공론화 시 예상되는 나에게 닥칠 불이익 등 2차 피해를 최소화하기 위해 노력해야 합니다.

> 8

괴롭힘, 영리하게 예방하는 기술

지금까지 직장 내 괴롭힘에 대한 공론화 과정과 그 후의 대처법을 이야기했지만, 사실 가장 좋은 해결책은 문제가 터지기 전에 미리 예방하고, 만에 하나 발생하더라도 공론화 없이 당사자 간에 슬기롭게 해결하는 것입니다. 물론 모든 직장 내 괴롭힘을 개인의 노력으로 막기는 힘들지만, 직장 생활 지혜를 통해 불필요한 마찰을 줄이고, 나아가 건강한 관계 속에서 성장하는 것은 분명 가능합니다.

공론화 예방하는 슬기로운 직장 생활의 지혜를 발휘할 필요가 있습니다. 많은 직장인이 '설마 나에게 이런 일이 생길까?'라고 생각하지만, 괴롭힘은 예고 없이 찾아옵니다. 그리고 일단 문제가 커지면 해결 과정은 복잡하고 고통스러울 수밖에 없습니다. 그래서 우리는 사전에 방지하고, 초기에 현명하게 대처하는 능력을 길러야 합니다.

첫째, 나를 보호하기 위해서는 객관적인 시선 유지가 필요합니다. '내가 너무 예민한가?'라고 자책하기 전에, 해당 행동이 업무와 관련 있는지,

다른 사람들에게도 유사하게 적용되는지 객관적으로 판단하려는 노력이 필요합니다. 혹시 모를 상황에 대비해 평소에도 메모하는 습관을 들이고, 의심스러운 상황은 캡처하거나 녹취하는 등 나를 보호할 최소한의 기록을 남기는 것이 중요합니다. 이는 나중에 정말 문제가 발생했을 때 나를 지켜줄 강력한 방패가 됩니다. 초기 신호 감지 시 불쾌하거나 부당하다는 느낌이 들면, 감정적으로 휘둘리지 말고 '혹시 괴롭힘의 시작일까?' 하고 한 번 더 생각해 보는 습관을 들여야 합니다. 작은 불씨가 큰불이 되기 전에 감지하는 능력이 필요합니다.

둘째, 부드러움 속에 숨겨진 단호함의 관계의 기술이 필요합니다. 불편함의 표현 연습도 필요합니다. "괜찮다"고 말하는 대신, "그렇게 말씀하시니 조금 당황스럽습니다" 또는 "업무와 관련 없는 부분이라 조심스럽습니다"와 같이 부드럽지만 명확하게 불편함을 표현하는 연습이 필요합니다. 상대방이 무례하다는 사실을 인지하지 못하는 경우도 있기 때문에, 초기 단계에서 침착하게 선을 그어주는 것이 중요합니다.

공과 사의 구분 명확화가 필요합니다. 업무 시간 외 개인적인 연락이나 사적인 부탁에 대해 "죄송하지만, 퇴근 후에는 업무 외 개인적인 일은 어렵습니다"처럼 명확하게 거절 의사를 밝히는 용기가 필요합니다. 나의 시간과 에너지를 존중하는 태도를 보이면, 상대방도 함부로 대하기 어려워집니다.

셋째, 나만의 '단단한 심지' 만들기 전략이 필요합니다. 개인의 역량 강화는 내가 맡은 업무에서 전문성을 키우고, 성과를 꾸준히 내는 것은 직장 내에서 나의 입지를 강화하는 가장 좋은 방법입니다. 업무 능력은 스스로를 지키는 가장 강력한 무기이며, 부당한 대우를 받을 가능성을 줄여줍니다. 탄탄한 네트워크 구축도 매우 중요합니다. 회사 내에서 신뢰할 수 있는 동료나 선배와 좋은 관계를 유지하는 것이 중요합니다. 혼자 고민하기보다, 문제가 발생했을 때 조언을 구하거나 도움을 받을 수 있는 최소한의 내부 지지 세력을 만들어두는 것이 좋습니다. 그들의 조언은 때로 공식적인 컨설팅만큼이나 실질적인 도움이 될 수 있습니다.

직장 생활은 언제나 예측 불가능한 변수들로 가득합니다. 스트레스 관리법을 익히고, 취미 생활이나 운동 등 나만의 재충전 시간을 가지며 정신적 회복 탄력성을 키우는 것이 중요합니다. 이는 전반적인 직장 생활의 질을 높여줄 것입니다.

넷째, 참는 게 능사는 아니라는 지혜를 기억하세요. '이 정도는 참아야지', '내가 잘못했나?' 하는 생각은 문제를 키우는 첫걸음이 될 수 있습니다. 괴롭힘의 정의를 정확히 알고, 내가 부당한 대우를 받고 있다는 사실을 스스로 인정하는 것이 중요합니다. 이는 불필요한 자책에서 벗어나 문제를 객관적으로 바라볼 수 있는 힘을 줍니다.

'비공식적 해결 노력'을 통한 지혜로운 접근도 하나의 방법입니다. 만약 괴롭힘이 시작되었다면, 바로 공론화하기보다는 가해자에게 직접 또는 신뢰하는 상사나 인사 담당자를 통해 비공식적으로 문제를 제기하고 개선을 요구하는 노력을 먼저 해보는 것이 좋습니다. 이때 앞서 언급한 증거와 나의 불편함을 명확히 전달하는 것이 중요합니다. 이 과정에서 문제가 해결된다면, 가장 이상적인 결과를 얻을 수 있습니다.

결론적으로, 직장 내 괴롭힘에 대한 가장 슬기로운 대처는 문제가 생기기 전에 나를 보호하고, 관계를 현명하게 구축하며, 나의 역량을 강화하는 것입니다. 그리고 만약 불미스러운 상황이 발생하더라도, 감정적으로 대응하기보다는 침착하게 증거를 확보하고, 비공식적인 채널을 통해 해결을 시도하며, 필요할 때는 주저 없이 외부 전문가의 도움을 받는 지혜로운 직장인이 되어야 합니다.

임원이 주목하는 핵심

① 부드러움 속 단호함으로 공과 사를 명확히 구분하세요.
② 역량 강화와 네트워크 구축으로 단단한 심지를 만드세요.

3장

기본기부터
실전 노하우까지

취업이라는 목표를 향해 달려온 지난날을 돌이켜보면, 직장인의 삶은 늘 빛나는 로망으로 가득했을 겁니다. 멋진 오피스룩을 입고, 커피 한 잔과 함께 세련되게 업무를 처리하는 모습. 하지만 현실은 냉정하죠. 첫 출근의 설렘도 잠시, 산더미 같은 업무와 예측 불가능한 변수들 앞에서 '칼퇴'는 요원한 꿈이 되고, '인정'은 저 멀리 안개 속에 가려진 목표처럼 느껴지기도 합니다. 하지만 좌절하기엔 이릅니다. 프로 직장인으로 거듭나는 길은 꾸준한 노력과 올바른 전략에서 시작됩니다. 특히 20대와 30대에게는 업무 역량을 키우는 것이 단순한 생존을 넘어, 더 큰 성장과 기회를 잡는 핵심 열쇠가 될 겁니다.

이메일, 문자도 보고서다

'보고서는 작성할 일이 많지 않을 것 같은데요?'라고 생각하는 신입사원이 있다면, 이는 직장 생활에 대한 큰 오산일 수 있습니다. 회사 생활은 곧 끊임없는 정보 교환의 연속이며, 그 정보 교환의 대부분은 놀랍게도 '글'로 이루어집니다. 이메일, 메신저, 사내 게시판, 심지어는 모바일 메신저로 주고받는 업무 관련 대화까지, 당신이 쓰고 보내는 모든 글은 당신의 업무 능력과 신뢰도를 보여주는 중요한 '보고서'이자 당신의 얼굴과 같습니다. 이 글들이 쌓여 당신의 평판을 만들고, 당신의 프로페셔널리즘을 증명합니다.

직장인의 글쓰기 중 가장 기본이자 중요한 것은 바로 이메일입니다. 이메일은 단순한 정보 나열을 넘어, 상대방에게 '어떤 정보를 전달하고, 어떤 행동을 기대하는지'를 명확하게 담아야 합니다. 이를 위해 이메일 작성 시에는 몇 가지 원칙을 지키는 것이 좋습니다. 가장 먼저, 제목은 한눈에 내용을 파악할 수 있도록 구체적이고 명확하게 작성해야 합니다. 예를 들어, '안녕하세요'와 같은 막연한 제목보다는 '[○○ 프로젝트] 5월

4주 차 주간 보고', '[○○ 건] 마케팅팀 김철수 문의드립니다'와 같이 핵심 내용을 바로 알 수 있게 작성하는 것이 중요합니다. 바쁜 상사나 외부 파트너가 수많은 이메일 속에서 당신의 이메일을 놓치지 않고 중요도를 판단할 수 있게 돕는 역할입니다.

이메일 본문으로 들어가서는 간결한 인사말과 함께 이메일을 보내는 목적을 서두에 명확히 밝힙니다. '○○ 관련하여 문의드립니다' 또는 '○○ 진행 상황을 보고드립니다'와 같이 짧게 핵심을 전달한 후, 본문은 육하원칙(누가, 언제, 어디서, 무엇을, 어떻게, 왜)에 따라 간결하게 작성해야 합니다. 불필요한 미사여구나 감정적인 표현은 철저히 자제하고, 객관적인 사실과 정보 위주로 구성하는 것이 핵심입니다. 내용이 길어질 경우, 번호나 불릿(•)을 활용해 가독성을 높여주는 센스도 필요합니다. 마지막으로 결론 및 요청 사항에서는 본문의 내용을 요약하거나, 상대방에게 기대하는 답변이나 행동을 명확히 제시해야 합니다. '확인 후 회신 부탁드립니다', '○○일까지 자료 전달 부탁드립니다'와 같이 구체적인 요청이 담겨야 상대방이 혼란 없이 다음 행동을 취할 수 있습니다. 정중한 마무리 인사와 함께 발신자 정보를 기재하는 것으로 이메일 작성은 완성됩니다.

이메일보다 더 자주 쓰이는 메신저(사내 메신저, 카카오톡 등) 또한 업무용으로 활용될 때는 보고서의 연장선상에 있습니다. 특히 20~30대 신입사원들은 개인적인 메신저 사용에 익숙해 자칫 업무용 메신저에서도 캐주얼한 표현을 사용하기 쉽지만, 이는 당신의 전문성을 크게 떨어뜨릴 수 있습니다. 짧은 메시지라도 핵심 내용을 명확하게 담아야 합니다. 단순히 "네", "○○"와 같은 표현보다는 "네, 확인했습니다.", "네, 알겠습니다."와 같이 정확하게 의사를 표현하는 습관을 들이는 것이 좋습니다. 메시지를 보낼 때는 하나의 의미 단위를 한 번에 전달하여 간결함 속의 명확성을 유지해야 합니다. 여러 개의 메시지를 쪼개서 보내기보다는, 내용을 묶어 한 번에 전달하는 것이 상대방에게 알림이 여러 번 가는 것을 방지하고 가독성을 높일 수 있습니다.

메신저 사용 시 이모티콘은 가급적 자제하는 것이 바람직합니다. 개인적인 대화에서는 유용하지만, 업무용 메신저에서는 오해를 불러일으키거나 당신의 전문성을 떨어뜨릴 수 있습니다. 특히 상사나 외부 파트너와의 대화에서는 더욱 지양해야 하며, 간단한 확인이나 긍정의 의미를 담는 '네' 정도의 간결한 이모티콘은 괜찮지만, 너무 감정적인 이모티콘은 피하는 것이 좋습니다. 또한, 구두로 보고한 내용이라도 메신저로 간략하게 요약하여 보내는 습관은 매우 중요합니다. 예를 들어, '방금 유선으로 보고드린 ○○ 프로젝트 진행 상황 요약입니다.'와 같이 메시지를 남기는 것은 상대방에게 기록을 남겨주는 동시에, 혹시 모를 오해를 줄이는 데도 큰 도움이 됩니다.

결국 이 모든 글쓰기의 핵심은 '상대방의 입장에서 생각하는 것'입니다. 내 메시지를 받는 사람이 어떤 상황에서, 어떤 정보를 가장 필요로 할지 고민하는 것이죠. 바쁜 상사가 당신의 이메일이나 메신저를 빠르게 읽고 핵심을 파악할 수 있도록, 내용이 명확하고 불필요한 정보는 없는지, 의도가 불분명한 표현은 없는지 스스로 점검하는 습관을 들여야 합니다. 당신의 모든 글은 당신의 업무 능력을 대변하며, 회사라는 조직 내에서 당신의 신뢰도를 쌓아 올리는 가장 기본적인 보고서임을 잊지 마십시오.

임원이 주목하는 핵심

① 회사 내 주고받는 모든 메시지는 보고서라고 생각하세요.
② 이메일은 육하원칙에 따라 명확하고 간결해야 합니다.
③ 메신저로 정확한 의사 표현과 핵심 내용을 전달하세요.
④ 모든 글쓰기는 상대방 입장에서 작성해야 합니다.

한 장으로 끝내는 보고서 작성법

디지털 시대에 이메일과 메신저가 주요 소통 수단이 되었지만, 여전히 직장인에게 페이퍼 보고서의 중요성은 변치 않습니다. 특히 회의나 대면 보고 자리에서 활용되는 페이퍼 보고서는, 단순히 정보를 전달하는 것을 넘어 당신의 사고력, 분석력, 그리고 핵심을 꿰뚫는 통찰력을 보여주는 중요한 수단입니다. 수십 장짜리 보고서보다 '한 장 요약' 보고서가 더 큰 영향력을 발휘하는 이유가 바로 여기에 있습니다. 20대와 30대가 이 '한 장 요약'의 미학을 이해하고 숙달한다면, 당신은 진정한 '일잘러'이자 '전문가'로 인정받는 '신의 손' 기술을 갖게 될 겁니다.

'한 장 요약' 보고서, 왜 최고 의사결정권자에게 가장 중요합니다. 디지털 시대에도 페이퍼 보고서는 여전히 중요하며, 특히 최고 의사결정권자인 사장님께 보고할 때는 '한 장 요약' 보고서가 필수입니다. 사장님은 수많은 사안에 대해 보고받고 결정해야 하므로, 모든 내용을 일일이 설명들을 시간적 여유가 없습니다. 내용이 길면 보고 받지 않는 경향이 있다는 점을 명심해야 합니다. 따라서 사장이 결정하기 위한 내용만을 압축하여 한 장에 담아내는 것이 핵심입니다. 구체적인 내용은 첨부 자료로 준비하여, 사장님이 필요시 언제든 찾아볼 수 있도록 준비하는 것이 '일잘러'의 기본자세입니다.

사장님을 위한 한 장 보고서는 일반적인 보고서와는 접근 방식이 다릅니다. 오직 '결정'에 초점을 맞춰야 합니다. 최고 의사결정권자를 위한 '한 장 요약' 보고서 작성법을 알아보겠습니다.

첫째, 보고 목적은 '결정'에 맞춰야 합니다. 이 보고서를 통해 사장님께 무엇을 결정하시게 할 것인지 명확히 해야 합니다. 단순히 현황을 공유하는 것이 아니라, '무엇을 어떻게 할 것인가'에 대한 사장님의 결정을 유도하는 데 집중해야 합니다. 보고서 첫머리 또는 마지막에 'ㅇㅇ에 대한 승인을 요청드립니다', 'A 안과 B 안 중 선택을 요청드립니다'와 같이 명확한 요청 사항을 제시해야 합니다.

둘째, 결정의 핵심 근거만 제시해야 합니다. 사장님은 디테일보다는 큰 그림과 핵심적인 근거를 원합니다. 따라서 결정을 내리는 데 필요한 가장 중요한 정보와 데이터만 선별하여 제시해야 합니다. 장황한 배경 설명이나 불필요한 과정은 과감히 생략하고, 숫자를 통해 직관적으로 이해할 수 있도록 구성하세요. 예를 들어, '매출액 10% 증가 예상', '투자 회수 기간 1년 단축' 등 구체적인 수치가 포함된 핵심 근거를 제시해야 합니다.

셋째, 선택지를 명확히 제시하고, 추천 안을 밝힐 수 있어야 합니다. 만약 여러 대안이 있다면, 각각의 대안을 명확하게 제시하고, 각 안의 핵심 장점과 단점을 간결하게 비교해야 합니다. 그리고 담당자로서 어떤 안을 추천하는지 명확히 밝히고, 그 이유를 한두 문장으로 설명해야 합니다. 사장님은 보고자의 의견을 참고하여 최종 결정을 내리는 경우가 많으므로, 당신의 전문적인 판단을 보여주는 것이 중요합니다.

넷째, '그래서 무엇을 할 것인가?'에 답할 수 있어야 합니다. 보고서의 마지막은 항상 '그래서 어떻게 할 것인가?' 또는 '그래서 무엇을 할 것인가?'에 대한 답으로 끝나야 합니다. 사장님의 결정 이후 다음 스텝은 무엇인지, 누가 어떤 역할을 할 것인지 등 후속 조치 계획을 간략하게 제시하여, 결정 후의 진행 상황을 예측할 수 있도록 도와야 합니다.

다섯째, 상세 내용은 '첨부'로 활용하세요. 한 장 보고서의 핵심은 간결함입니다. 따라서 구체적인 데이터, 시장 분석 자료, 세부 실행 계획 등은 모두 첨부 자료로 분류해야 합니다. 보고서에는 '상세 내용은 첨부 파일 참조' 또는 '별첨 자료 ○○ 참조'와 같이 명시하여, 사장님이 필요할 때 언제든 상세 내용을 확인할 수 있도록 준비해야 합니다. 사장님은 바쁜 와중에 첨부 자료를 찾아보지 않을 수 있지만, 필요할 때 찾을 수 있게 준비되어 있는 것이 프로페셔널한 자세입니다.

임원이 주목하는 핵심

① 한 장으로 의사 결정할 수 있게 내용을 요약하세요.
② 보고서는 근거와 추천 안을 명확히 제시해야 합니다.
③ 보고서는 핵심만 담고 상세 내용은 첨부로 활용하세요.

사장님 마인드로
보고서 쓰는 핵심 기술

회사 생활은 곧 끊임없는 정보 교환의 연속이며, 그 정보 교환의 대부분은 놀랍게도 '글'로 이루어집니다. 이메일, 메신저, 사내 게시판, 심지어는 모바일 메신저로 주고받는 업무 관련 대화까지, 당신이 쓰고 보내는 모든 글은 당신의 업무 능력과 신뢰도를 보여주는 중요한 '보고서'이자 당신의 얼굴과 같습니다. 이 글들이 쌓여 당신의 평판을 만들고, 당신의 프로페셔널리즘을 증명합니다.

당장 당신이 쓰는 보고서가 팀장님에게 제출되든, 동료에게 공유되든, 혹은 단순한 주간 업무 보고든 상관없습니다. 모든 보고서는 회사의 최고 의사결정권자의 관점에서 작성되어야 한다는 것입니다. 이는 단순히 '사장님에게 잘 보이기 위함'이 아니라, 당신 스스로가 회사의 큰 그림을 이해하고, 내 업무가 전체 비즈니스에 어떤 영향을 미치는지를 통찰하는 '주인의식'을 가지는 것을 의미합니다.

회사에서 가장 바쁜 사람들은 누구일까요? 바로 CEO를 비롯한 최고 경영진입니다. 그들은 하루에도 수많은 보고를 받고, 회사의 생존과 성장을 위한 중대한 결정을 내려야 합니다. 이때, 그들의 시간은 곧 회사의 자산이며, 그들이 내리는 결정 하나하나가 수천, 수억 원의 가치를 가집니다. 당신이 작성한 보고서가 비록 중간 관리자를 거쳐 최종적으로 최고 경영진의 책상에 놓이게 될지라도, 그 보고서는 당신의 의견과 분석이 회사의 중요한 방향 설정에 영향을 미칠 수 있다는 의미를 가집니다. 따라서 당신의 모든 보고서는 마치 당신이 회사의 최고 의사결정권자라면 무엇을 알고 싶고, 어떤 판단을 내릴지에 집중하며 작성되어야 합니다. 현황을 단순히 나열하는 것을 넘어, 문제의 본질을 정의하고, 해결책을 제시하며, 그에 따른 리스크와 기회까지 종합적으로 고려해야 하는 이유가 여기에 있습니다. 당신의 보고서가 회사의 핵심 자산인 최고 경영진의 시간을 가장 효율적으로 활용하고, 가장 합리적인 의사결정을 돕는 도구가 되어야 한다는 주인의식을 가지십시오.

'사장님 빙의'는 바로 이러한 마인드 셋을 일컫습니다. 내가 이 회사의 미래를 책임지는 사장이라면 이 보고서에서 무엇을 알고 싶을까? 어떤 질문을 던질까? 어떤 결정을 내릴까? 내가 내린 이 결정이 회사 전체에 어떤 영향을 미칠까? 이런 질문들을 스스로에게 던지며 보고서를 작성할 때, 당신의 모든 보고서는 단순한 정보 전달을 넘어 전략적 통찰력을 담게 됩니다. 최고 경영진의 관점에서 작성되는 보고서는 다음 3가지 핵심 원칙을 기반으로 합니다. 이 원칙들을 일상적인 모든 업무 보고서에 적용한다면, 당신의 역량은 분명히 차별화될 것입니다.

첫째, '그래서 무엇인데?(So What?)'에 답할 수 있어야 합니다. 당신이 사장이라면, 불필요한 서론이나 장황한 배경 설명을 들을 시간이 없을 것입니다. 가장 궁금한 것은 '그래서 이 보고서의 핵심이 무엇이고, 그래서 우리는 무엇을 해야 하는가?'일 것입니다. 당신의 보고서는 첫 페이지 혹은 첫 문단에서 보고서의 가장 중요한 결론이나 제안을 명확히 제시해야 합니다. 마치 뉴스 기사의 헤드라인처럼, 핵심 메시지를 전면에 배치해야 합니다. 배경 설명은 최소화하세요. 이미 알고 있거나 중요도가 낮은 내용은 과감히 생략하거나 요약하십시오. '서론-본론-결론'의 일반적인 흐름보다는, '결론-본론-결론 재확인'의 역피라미드 구조를 고려해 보세요. 여러 가지 제안보다는 가장 중요하고 실행 가능한 단 하나의 핵심 제안에 집중하세요. 나머지는 부록으로 첨부하거나 별도로 논의하는 것을 고려합니다. 이러한 방식은 당신의 보고서를 읽는 누구든 제한된 시간 안에 가장 중요한 정보를 빠르게 흡수하고 의사결정의 방향을 잡을 수 있도록 돕는 핵심 기술이며, 이는 상사는 물론, 사장님의 마음까지 사로잡는 강력한 무기가 될 것입니다. 당신의 보고서가 단 하나의 명확한 메시지를 전달하도록 만드십시오.

둘째, '왜 그래야 하는데?(Why Now?)'에 설득할 수 있어야 합니다. 당신이 사장이라면, 누군가의 제안을 들었을 때 "왜 지금 당장 이걸 해야 하지? 우리 회사에 어떤 이점을 가져다줄까?"라고 물을 것입니다. 당신의 보고서는 논리적인 근거와 데이터를 바탕으로 설득력을 확보해야 합니다. 모든 주장에는 객관적인 데이터, 시장 동향, 경쟁사 분석 등 구체적인 근거가 뒷받침되어야 합니다. "내 생각에는"과 같은 주관적인 표현은 지양하고, 냉철한 분석을 기반으로 한 주장을 펼쳐야 합니다. 또한, 긍정적인 측면만 부각하는 것은 금물입니다. 발생 가능한 리스크를 솔직하게 제시하고, 그에 대한 대응 방안까지 함께 제시해야 비로소 신뢰를 얻을 수 있습니다. 이는 당신이 해당 사안을 다각도로 분석하고 위험 관리 능력까지 갖추고 있음을 보여줍니다. 단 하나의 해결책만 제시하기보다는, 여러 대안을 제시하고 각각의 장단점, 비용, 예상 효과를 비교 분석하여 최고 경영진이 최적의 선택을 할 수 있도록 돕는 것이 좋습니다. 이처럼 보고서에 깊이 있는 통찰력과 다각적인 시각을 담아낸다면, 당신의 보고서는 단순한 정보 전달을 넘어 강력한 설득력을 갖게 될 것입니다.

셋째, '그래서 어떻게 할 건데?(What's Next?)'에 정확한 답을 를 제시할 수 있어야 합니다. 결론적으로 당신이 사장이라면, 보고서를 통해 얻고 싶은 것은 구체적이고 실행 가능한 액션 플랜일 것입니다. 보고서는 단순히 문제 제기와 분석으로 끝나는 것이 아니라, 실행 가능한 다음 단계를 명확히 제시해야 합니다. 누가, 언제까지, 무엇을 할 것인지 명확한 담당자와 기한을 포함한 액션 플랜을 제시해야 합니다. 제안된 방안이 성공적으로 실행되었을 때, 어떤 지표(KPI)로 그 성과를 측정할 것인지 제시하는 것도 중요합니다. 이는 목표 달성 여부를 평가하는 기준이 되며, 보고서의 실질적인 가치를 높입니다. 마지막으로, 필요한 예산, 인력, 시간 등 구체적인 자원 요청 사항을 명시하고, 이때 그 자원이 왜 필요한지, 어떻게 활용될 것인지에 대한 논리적인 설명을 덧붙여야 합니다. 이러한 구체성은 보고서의 실행력을 높이고, 최고 경영진이 당신의 제안에 즉각적으로 필요한 자원을 배정할 수 있도록 돕습니다.

결론적으로, '사장님 마인드'로 보고서를 작성하는 것은 단순히 보고서 작성 기술을 넘어, 회사 전체의 비즈니스 흐름을 이해하고 전략적인 사고를 키우는 과정입니다. 당신이 작성하는 모든 보고서는 단지 정보를 전달하는 도구가 아니라, 당신의 통찰력과 문제 해결 능력을 보여주는 명함과 같습니다. 최고 경영진의 관점에서 '그래서 무엇인가?', '왜 지금 해야 하는가?', '그래서 어떻게 할 것인가?'라는 3가지 핵심 질문에 대한 명확하고 설득력 있는 답을 제시하는 연습을 꾸준히 한다면, 당신은 단순한 실무자를 넘어 회사의 미래를 함께 고민하고 주도하는 핵심 인재로 빠르게 성장할 것입니다. 지금부터 이러한 마인드 셋을 가지고 당신의 보고서 한 장 한 장에 전략적인 깊이와 실행력을 담아내십시오. 당신의 보고서는 곧 당신의 가치를 증명하는 강력한 무기가 될 것입니다.

임원이 주목하는 핵심

① 의사결정에 필요한 사항들을 보고서에 정리하세요.
② 보고서는 '그래서 무엇인데?', '왜 지금인데?', '어떻게 할 건데?'에 대한 답이 있어야 합니다.

신규 사업 기획, A to Z

직장인의 삶에서 가장 짜릿한 순간 중 하나는 아마도 '새로운 것을 만드는 기회'를 마주할 때일 겁니다. 특히 열정 가득한 20~30대라면 혁신적인 아이디어로 세상을 바꾸고 싶다는 열망이 가득하죠. 신규 사업 기획 보고서는 바로 당신의 그 꿈을 현실로 만들 수 있는 마법 같은 문서입니다. 이것은 단순히 '이런 사업을 하고 싶다'고 말하는 종이 한 장이 아닙니다. 당신의 기획력과 실행력을 총체적으로 보여주는 '사업 대박의 기획안'이라고 할 수 있습니다. 이 보고서를 통해 당신은 아이디어를 구체화하고, 잠재적인 가치를 설득하며, 궁극적으로 회사의 미래를 이끌어 갈 주역으로 자리매김할 수 있을 겁니다.

신규 사업 보고서는 사업 아이디어를 시장의 기회, 고객의 니즈, 경쟁사의 동향, 그리고 회사의 역량이라는 다각적인 측면에서 종합적으로 분석하는 고도의 기획 작업입니다. 성공적인 보고서는 시장 분석 능력, 고객 이해력, 경쟁 분석 능력, 아이디어 구체화 능력, 전략적 사고력, 재무 분석 능력, 실행 계획 수립 능력, 그리고 설득력 있는 소통 능력이 한데 모여 '사업 대박'의 가능성을 제시하는 역할을 합니다. 이는 당신이 단순한 실무자가 아닌, 미래를 읽고 창조하는 기획자임을 증명하는 가장 확실한 방법입니다.

첫째, 사업 개요 및 모델 구체화입니다. 사업 기획의 시작은 당신의 아이디어를 명확히 정의하는 것입니다. '사장님 빙의' 보고서에서 강조했듯이, 이 사업의 핵심을 한두 페이지 안에 요약한 경영진 요약(Executive Summary)은 바쁜 경영진의 마음을 1분 안에 사로잡는 마법 같은 역할을 합니다. 이 요약에는 사업의 개요, 시장 기회, 핵심 경쟁력, 기대 효과, 그리고 필요한 투자 규모가 모두 담겨야 합니다. 다음으로, 이 아이디어를 구체적인 사업 모델로 전환하는 작업이 필요합니다. 달성하고자 하는 구체적인 수치 목표를 포함한 사업 목표를 제시하고, 우리가 제공할 서비스나 제품이 어떤 기능과 특징을 갖는지, 그리고 고객에게 어떤 핵심 가치를 제공할 것인지 상세히 설명해야 합니다. 핵심 기능, 차별화 요소, UI/UX 컨셉 등을 명확히 보여주는 것이 중요합니다. 이 모든 것을 종합하여 이 사업을 우리가 가장 잘할 수 있는 이유, 즉 기술력, 브랜드, 네트워크, 인력 등 경쟁사와 차별화되는 우리만의 강점을 설득력 있게 제시해야 합니다.

둘째, 철저한 시장 및 고객 분석입니다. 당신의 아이디어가 '뜬구름 잡는 이야기'가 아님을 증명하는 단계입니다. 시장의 흐름과 고객의 니즈를 명확히 제시하여 사업의 필요성과 시의적절함을 강조해야 합니다. 먼저, 관련 산업의 최신 트렌드와 성장률을 분석해 현재 시장이 어떤 방향으로 나아가고 있는지 설명해야 합니다. 다음으로, 시장에서 아직 해결되지 않은 문제점, 즉 특정 고객층의 'unmet needs'를 찾아내고, 이 사업이 그 문제점을 어떻게 해결할지 제시함으로써 사업 기회를 구체화합니다. 또한, 우리의 타깃 고객이 누구이며 그들의 특성과 소비 패턴은 어떤지 상세히 분석해야 합니다. 마지막으로, 경쟁사들의 현황과 강점, 약점, 그리고 그들이 놓치고 있는 부분을 파악하여 벤치마킹할 부분과 우리가 차별화할 수 있는 포인트를 명확히 제시해야 합니다. 이 모든 분석을 바탕으로 시장의 규모와 향후 성장 가능성을 객관적인 데이터로 뒷받침해야 합니다.

셋째, 수익 창출 및 성장 전략입니다. 아무리 좋은 아이디어라도 고객에게 도달하지 못하고 수익을 내지 못하면 무용지물입니다. 어떻게 고객을 유치하고 매출을 올릴 것인지 구체적인 계획을 제시해야 합니다. 먼저, 판매, 구독, 광고, 수수료 등 어떻게 돈을 벌 것인지 구체적인 수익 모델을 제시하고, 생산, 유통, 인력 운용, 고객 서비스 등 사업 운영 계획을 수립해야 합니다. 이와 함께 타깃 고객을 명확히 정의하고, 온라인/오프라인 채널, 프로모션, 콘텐츠 마케팅 등 어떤 방법으로 고객에게 우리 사업을 알릴 것인지 구체적인 마케팅 전략을 세웁니다. 잠재 고객을 실제 고객으로 전환시킬 영업 전략과 어떤 이미지와 메시지로 고객에게 기억될 것인지 브랜딩 전략까지 포함시켜야 합니다. '사업 대박'은 결국 '수익 창출'로 귀결됩니다. 사업의 재정적인 타당성을 증명하고, 사업 시작에 필요한 초기 투자 비용과 향후 3~5년간의 예상 매출액, 영업이익, 순이익 등을 구체적인 근거를 바탕으로 제시하여 필요한 자원을 어떻게 확보할 것인지 계획을 세워야 합니다.

마지막으로 기획안에서 소홀히 하기 쉬운 리스크 관리 및 대응 방안입니다. 모든 사업은 예상치 못한 리스크에 직면합니다. 이러한 위험 요인을 사전에 파악하고 대비하는 것은 당신의 치밀함과 위기관리 능력을 보여줍니다. 시장 변화, 경쟁 심화, 기술적 문제, 법적/규제 문제, 운영 리스크 등 예상되는 위협 요소를 명확히 제시하고, 각 리스크에 대한 구체적인 대응 방안이나 비상 계획을 마련해야 합니다. 잠재적인 리스크를 솔직하게 제시하고, 그에 대한 합리적인 해결책을 준비하는 것은 당신이 사업의 성공 가능성을 진지하게 고민하고 있음을 보여주는 가장 확실한 방법입니다.

임원이 주목하는 핵심

신규 사업 기획은 시장, 고객, 경쟁사를 철저히 분석하고, 수익 모델과 구체적인 실행 계획을 포함해야 합니다.

상사를 만족시키는 보고 방법

　직장 생활은 프로젝트의 연속입니다. 크고 작은 과제들이 주어지고, 우리는 그 과제들을 해결하기 위해 노력합니다. 이 과정에서 가장 중요하면서도 많은 20대, 30대 직장인들이 간과하기 쉬운 것이 바로 '보고'의 기술입니다. 특히 중간보고와 결과 보고는 단순히 상황을 알리는 것을 넘어, 당신의 업무 진행 상황을 투명하게 공유하고, 필요한 지원을 요청하며, 궁극적으로 프로젝트의 성공을 이끄는 핵심적인 소통 과정입니다. 상사나 동료가 가장 궁금해하는 것은 명확합니다. "지금 어디까지 왔고, 언제쯤 마무리될까?" 이 질문에 명확하고 효과적으로 답하는 것이 바로 중간/결과 보고의 핵심 전략입니다. 중간보고는 프로젝트의 '현재 위치'를 명확히 알리는 데 초점을 맞춥니다. 상사는 당신이 순항하고 있는지, 혹시 암초에 부딪혔는지, 그리고 언제쯤 목표 지점에 도달할 수 있을지 궁금해합니다. 따라서 프로젝트 수행에 있어 상사와 원활한 소통하는 방법에 대해 알아보겠습니다.

첫째, '지금 어디까지 왔는지' 명확하게 공유하기입니다. 진행률 가시화는 단순히 "진행 중입니다"가 아니라, "총 5단계 중 3단계 완료, 진행률 60%"와 같이 구체적인 수치나 단계를 제시하세요. 차트나 그래프로 시각화하면 더욱 좋습니다. 지난 보고 이후 달성된 주요 성과나 완료된 작업을 간결하게 요약합니다. 이 과정에서 어떤 어려움이 있었고, 어떻게 극복했는지도 포함될 수 있습니다. 문제가 발생했거나 계획이 변경되었다면 숨기지 말고 솔직하게 보고해야 합니다. "○○ 때문에 예상보다 이틀 정도 지연될 것 같습니다"와 같이 명확히 밝히고, 그 원인과 함께 해결 노력을 설명해야 합니다.

둘째, '다음 스텝은 무엇이고, 언제 끝나는지' 제시하기입니다. 남은 작업은 무엇이며, 어떤 순서로 진행할 것인지, 그리고 최종 완료 예상일은 언제인지 명확하게 제시합니다. 마일스톤(중요한 중간 목표)을 포함하면 더욱 체계적입니다. 앞으로 진행 과정에서 발생할 수 있는 잠재적인 문제점(예: 예상치 못한 변수, 필요한 리소스 부족)을 미리 언급하고, 상사의 도움이 필요한 부분(예: 의사결정, 추가 인력 지원, 다른 부서 협조)을 구체적으로 요청합니다. '해결책'을 함께 고민하는 자세를 보여주세요. 보고 말미에는 "혹시 추가적으로 검토가 필요한 부분이 있으실까요?"와 같이 피드백을 요청하는 질문을 던져 상사가 편하게 의견을 제시할 수 있도록 유도합니다. 중간보고의 핵심은 '예방'과 '조율'입니다. 문제가 터진 후에 보고하는 것이 아니라, 문제가 터지기 전에 미리 예측하고 공유하여 함께 해결 방안을 모색하는 것이 중요합니다.

프로젝트가 마무리되면 그 결과가 좋든 나쁘든 관계없이, 결과 보고는 매우 중요한 단계입니다. 이는 단순한 '끝'이 아니라, 프로젝트의 최종 성과를 정리하고 그 과정에서 얻은 교훈을 공유하며, 나아가 '새로운 시작'을 위한 발판을 마련하는 기회이기 때문입니다. 먼저, 무엇을 달성했는지를 명확하게 보여주는 것이 중요합니다. 프로젝트 시작 시 설정했던 목표와 비교해 최종 결과가 어떠했는지 명확히 제시해야 합니다. 이때 "많이 개선되었다"와 같은 모호한 표현 대신, 구체적인 수치를 사용하는 것이 효과적입니다. 예를 들어, '매출액 15% 증가' 또는 '고객 불만율 10% 감소'처럼 명확한 숫자는 보고서의 신뢰도를 높이고 당신의 기여도를 확실하게 각인시킵니다. 또한, 프로젝트가 성공적으로 마무리될 수 있었던 핵심적인 요인(예: 효과적인 팀워크, 특정 전략의 유효성 등)을 분석하여 제시함으로써 우연이 아닌 계획적인 노력을 통해 성공을 이끌어냈음을 보여주어야 합니다.

다음으로, 무엇을 배웠고, 그래서 무엇을 할 것인지를 제시할 수 있어야 합니다. 만약 목표를 완전히 달성하지 못했거나 아쉬운 점이 있다면, 그 원인을 솔직하고 객관적으로 분석하세요. 실패를 통해 배우고 성장하는 모습을 보여주는 것은 문제 해결에 대한 책임감 있는 태도를 증명하는 중요한 부분입니다. 이번 프로젝트를 통해 얻은 중요한 교훈은 무엇인지 정리하고, 이를 바탕으로 회사 전체 또는 다른 프로젝트에 적용할 수 있는 제언을 하는 것도 좋습니다. 이는 당신이 넓은 시야를 가지고 있음을 보여주며, 단순한 업무 처리자를 넘어 '성장과 발전을 이끄는 인재'로 인정받게 합니다.

마지막으로, 보고서의 마무리는 다음 단계로의 연결을 염두에 두고 작성하는 것이 좋습니다. 프로젝트의 결과가 다음 단계의 업무나 새로운 프로젝트로 어떻게 이어질지 구체적인 계획을 제시하세요. 이는 보고서가 단순한 기록으로 끝나지 않고 미래의 행동으로 자연스럽게 연결되도록 합니다. 더불어 프로젝트에 도움을 준 팀원이나 유관 부서에 진심으로 감사를 표하는 것도 잊지 마세요. 각자의 기여를 언급하는 것은 긍정적인 팀 문화를 만드는 데 기여할 뿐만 아니라, 당신이 혼자만의 성과가 아닌 팀의 협업을 중요하게 생각하는 인재임을 보여줍니다.

임원이 주목하는 핵심

중간보고는 현재 진행 상황과 잠재적 문제점을 명확히 공유하기 위함이고, 결과 보고는 성과와 배운 점을 명확히 제시하여 다음 단계로의 연결을 모색해야 합니다.

6

묻기 전, 먼저 보고하는 센스

직장 생활에서 '보고'는 숨 쉬듯 자연스러운 일상이지만, 그 방식에 따라 당신의 업무 능력과 프로페셔널함이 극명하게 갈립니다. 특히 20대와 30대 직장인이라면, 상사가 묻기 전에 먼저 나서서 정보와 진행 상황을 보고하는 '선제적 보고'야말로 당신을 평범한 직원이 아닌 '센스 만점 일잘러'로 각인시키는 핵심 전략입니다. 이는 단순히 부지런함을 넘어, 상사의 업무 부담을 덜어주고, 프로젝트의 리스크를 줄이며, 궁극적으로 당신에 대한 깊은 신뢰를 쌓는 가장 효과적인 방법입니다.

첫째, 정보의 '선별'과 '가공'입니다. 상사에게 필요한 것만 전달하는 것입니다. 모든 정보를 다 보고할 필요는 없습니다. 상사의 업무와 의사결정에 직접적으로 영향을 미치거나, 상사가 궁금해할 만한 '핵심 정보'를 선별하고 가공하는 능력이 중요합니다. 상사가 어떤 정보에 특히 관심을 두는지 평소 대화나 과거 피드백을 통해 파악합니다. 지금 상사에게 가장 필요한 정보가 무엇일지 우선순위를 정합니다. 세세한 과정보다는 '결과'나 '현재 상태', '다음 단계'에 집중하여 요약합니다. 상사는 당신의 노고보다 '지금 상황이 어떤지'를 궁금해합니다. 가능한 한 객관적인 데이터나 수치를 활용하여 보고의 신뢰성을 높입니다. "매출이 늘었습니다"보다 "이번 주 매출은 전주 대비 15% 증가했습니다"가 훨씬 효과적입니다.

둘째, 보고는 타이밍이 중요합니다. 아무리 좋은 정보라도 타이밍이 맞지 않으면 오히려 역효과를 낼 수 있습니다. 상사의 업무 스타일에 맞춰 적절한 타이밍과 채널을 선택하는 것이 중요합니다. 긴급한 사안이나 중대한 문제 발생 시에는 지체 없이 즉시 보고합니다(구두 보고 후 필요시 이메일이나 메신저로 간략한 내용 정리), 프로젝트의 중요한 단계가 완료되었거나, 예상치 못한 변수가 생겼을 때 보고 합니다. (예: "○○ 프로젝트 1차 개발 완료", "○○ 업체 미팅에서 예상치 못한 문제가 발생했습니다") 주간 보고나 월간 보고 등 정해진 루틴이 있다면, 이 기회를 적극 활용하여 주요 정보와 진행 상황을 업데이트합니다. 간단한 정보 공유는 메신저, 중요하거나 기록이 필요한 내용은 이메일, 복잡하고 논의가 필요한 내용은 대면 보고나 화상 회의를 활용합니다. 상사가 선호하는 방식을 따르는 것이 가장 좋습니다.

셋째, 보고의 내용과 형식은 간결함과 명확함이 핵심입니다. 선제적 보고는 상사의 시간을 절약하는 것이 목적입니다. 따라서 내용은 간결하고 명확해야 하며, 한눈에 핵심을 파악할 수 있는 형식을 갖춰야 합니다. 이메일이나 메신저 보고 시, 제목에 보고서의 핵심 내용을 요약하여 상사가 내용을 열어보지 않고도 대략적인 상황을 짐작할 수 있도록 합니다. 결론이나 가장 중요한 내용을 서두에 배치하는 '두괄식' 보고 방식이 효과적입니다. 문제가 발생했다면, 문제점만 나열하는 것이 아니라 당신이 고민한 해결책이나 대안을 함께 제시하여 책임감 있는 모습을 보여줍니다. 상사의 의사결정이나 도움이 필요한 부분이 있다면, "○○에 대한 상사님의 판단이 필요합니다"와 같이 구체적으로 요청합니다.

> **임원이 주목하는 핵심**
>
> 상사가 관심을 가질만한 사안에 대해서는 묻기 전에 핵심 정보를 선별하여 적절한 타이밍에 간결하고 명확하게 보고하는 것이 중요합니다.

업무 용어는 전문성의 척도

　회사에 첫발을 내딛는 20대, 30대 신입사원에게 직장은 새로운 세상이자 낯선 언어의 향연입니다. 학교에서 배운 지식과 실제 업무 사이에는 생각보다 큰 간극이 존재하고, 그 간극을 메우는 가장 핵심적인 요소 중 하나가 바로 '회사 용어'입니다. 마치 외국에 온 듯 낯선 용어들, 직책별 호칭, 그리고 암묵적인 소통 방식은 신입사원이 가장 어려워하는 부분 중 하나로 꼽히죠. 하지만 걱정 마세요. 이 '회사의 언어'를 빠르게 익히고 마스터하는 것이야말로 당신이 '초고속'으로 업무에 적응하고, '기본기 무장'을 완료하며, 궁극적으로 성공으로 이어지는 가장 확실한 길입니다.

　회사 용어는 단순히 업무 관련 단어를 아는 것을 넘어, 그 회사와 특정 산업군, 혹은 팀 내부에서 공유되는 업무 방식, 의사결정 과정, 그리고 문화까지 응축된 커뮤니케이션 도구입니다. 이 언어를 제대로 이해하고 사용하지 못하면, 회의나 대화 중 오가는 핵심 내용을 놓치기 쉽습니다. 지시 사항을 잘못 이해하거나, 제대로 질문하지 못해 업무 진행에 차질이 생기기도 하는데, 이는 당신의 업무 효율을 떨어뜨리는 가장 큰 요인 중 하나입니다.

또한, 적절한 용어 사용은 곧 상대방에 대한 존중이자 기본적인 비즈니스 매너입니다. 특히 직책에 따른 호칭을 잘못 사용하거나, 비즈니스 상황에 어울리지 않는 언어를 사용하면 의도치 않게 상대방에게 실례를 범하거나, '기본기가 부족하다'는 인상을 줄 수 있습니다. 모르는 용어가 나올 때마다 다시 묻거나 찾아보는 데 시간을 허비하게 되는 것도 문제입니다. 이는 개인의 업무 속도를 늦출 뿐만 아니라, 팀 전체의 효율성에도 영향을 미칩니다.

다른 사람들은 능숙하게 사용하는 용어를 혼자만 모르면, 대화에 끼어들기 어렵고 스스로 소외감을 느껴 직장 생활 적응에 큰 장애물이 되기도 합니다. 반대로 회사 용어를 능숙하게 사용하고 이해한다면, 당신은 마치 현지 언어를 유창하게 구사하는 사람처럼 느껴질 것입니다. 이는 당신이 빠르게 업무 환경에 적응하고 있다는 증거이며, 동료들로부터 '기본기가 탄탄하다'는 인정을 받는 지름길입니다.

신입사원이 가장 먼저 익혀야 할 '회사의 언어'는 바로 직책별 호칭입니다. 얼핏 쉬워 보이지만, 자칫 실수를 하면 상대방에게 큰 실례가 될 수 있습니다. 나이와 직책이 항상 일치하지 않을 수 있으므로, 나이를 기준으로 호칭을 정하는 것은 매우 위험합니다. 가장 기본적인 원칙은 '직책 뒤에 님자를 붙여 부르는 것'입니다. 주임님, 대리님, 과장님, 차장님, 부장님, 이사님, 사장님 등 각 직책 뒤에 '님'자를 붙여 부르면 되는데, 이는 직위의 높고 낮음을 떠나 상대방에 대한 기본적인 존중을 표현하는 가장 보편적인 방식입니다.

또한, 사무실에서 회의나 대화를 할 때 사용하는 언어는 당신의 품격을 결정합니다. 아무리 친한 동료라도 업무 상황에서는 '했어요', '할게요'와 같은 구어체보다는 '~했습니다', '~하겠습니다', '~하시겠습니까?'와 같이 정제된 존댓말을 사용하는 것이 상대방에게 신뢰와 설득력을 더합니다.

언어만큼 중요한 것이 바로 비언어적 소통, 즉 신체적 언어입니다. 상대방의 말에 무의식적으로 얼굴을 찡그리거나, 눈을 피하거나, 비웃는 행위 등은 상대방에게 깊은 상처를 줄 수 있습니다. 말로 하는 실수는 사과로 만회할 수 있지만, 비언어적 행동으로 주는 상처는 직장 생활 내내 부정적인 관계로 이어질 수 있습니다. 상대방의 의견에 동의하지 않더라도, 최소한 경청하는 자세를 보이고, 상대방의 눈을 바라보며 존중하는 태도를 유지하는 것이 중요합니다.

직장마다, 그리고 업종마다 사용하는 전문 용어는 천차만별입니다. 이러한 전문 용어는 단순히 시간을 두고 듣다 보면 자연스럽게 알게 되겠지만, '구성원으로서 팀이나 조직에 도움이 되기 위해서는' 빠르게 습득하는 것이 중요합니다. 저자는 '늦어도 일주일을 넘기지 말아야 한다'고 강조하는데, 이는 용어 습득이 늦어질수록 팀에 대한 소속감이 떨어지고, 업무에 제대로 기여하기 어려워지기 때문입니다. 새로운 업무 환경에서 '어학연수'를 한다는 마음가짐으로 관련 용어들을 파악하고 숙지하세요.

이는 업무 매뉴얼이나 보고서, 회의록을 읽으면서 자주 나오는 용어를 따로 정리하고, 모르는 단어는 즉시 검색하거나 선배에게 물어보는 적극적인 태도를 통해 가능합니다. 결국, 회사 용어를 마스터하는 것은 단순히 단어를 외우는 행위를 넘어, 당신이 회사의 시스템과 문화에 깊이 동화되고 있다는 것을 보여주는 중요한 과정입니다. 이러한 노력이 쌓여 당신의 전문성을 높이고, 직장 생활을 순조롭게 만드는 가장 큰 동력이 될 것입니다.

> **임원이 주목하는 핵심**
>
> ① 용어는 업무 효율과 전문성을 높이는 핵심 도구입니다.
> ② 직책에 '님'자를 붙여 부르는 것이 기본적인 매너입니다.
> ③ 용어는 빨리 숙지하고 경청하는 태도를 보여야 합니다.

8

눈치 코치, 숨은 능력 키우기

　사회생활을 시작하면 정해진 답을 찾고 공식을 외우는 것에 익숙했던 학창 시절과는 전혀 다른 세상에 부딪히게 됩니다. 회사에는 정답이 없는 문제가 더 많고, 때로는 비공식적인 '눈치코치'로 상황을 해결해야 할 때가 많습니다. 특히 신입사원에게는 이 '눈치코치'가 업무 수행 능력을 좌우하는 핵심 기술이자, 실전에서 빠르게 성장할 수 있는 가장 중요한 비결이 될 수 있습니다. 이는 단순히 주변 분위기를 살피는 것을 넘어, 상황의 맥락을 읽고 주도적으로 움직이며, 필요한 정보를 선제적으로 파악하는 고도의 능력입니다.

　"알아서 해봐"라는 상사의 한마디에 막막함을 느낀 적이 있나요? 교과서에 없는 문제, 정해진 매뉴얼에 없는 상황이 직장에서는 수없이 발생합니다. 이때 당신의 '눈치코치'는 빛을 발합니다. '눈치코치'는 비공식적인 정보를 빠르게 습득하는 것에서 시작됩니다. 회사는 공식적인 정보 외에도 '암묵지'와 '관행'이 존재하기 때문입니다. 예를 들어, 보고서 양식은 있지만 '우리 팀은 이런 식으로 쓰는 걸 더 선호한다'는 암묵적인 룰이 있을 수 있습니다. 이러한 비공식적인 정보를 '눈치코치'로 빠르게 파악하는 것이 업무 적응 속도를 좌우합니다.

또한, '눈치코치'는 문제의 조기 감지 및 해결에 중요한 역할을 합니다. 아직 문제가 수면 위로 드러나지 않았지만, 분위기나 특정 징후를 통해 위험을 감지하고 선제적으로 대응할 수 있게 합니다. 이는 더 큰 문제로 번지는 것을 막고, 당신을 '문제 해결사'로 보이게 하는 지름길입니다. 상사가 말하지 않아도 무엇을 원하는지, 어떤 정보를 필요로 하는지 미리 파악하여 제공하는 것 또한 중요한 능력입니다. 이는 상사의 업무 브담을 줄여주고, 당신에 대한 신뢰를 쌓는 가장 확실한 방법이 될 것입니다. 이처럼 '눈치코치'는 불필요한 질문이나 반복적인 실수를 줄이고, 효율적인 업무 진행을 통해 핵심 업무에 집중할 수 있도록 돕습니다. 나아가, 주변 분위기를 살피고 배려하는 '눈치코치'는 동료나 상사와의 긍정적인 관계를 형성하는 데도 크게 기여합니다. 결국 '눈치코치'는 '정보 수집, 상황 판단, 주도적 행동'이라는 일련의 과정이며, 이는 실전에서 당신의 업무 수행 능력을 극대화하는 핵심 기술입니다. '눈치코치'는 타고나는 것이 아니라, 노력과 훈련을 통해 충분히 키울 수 있는 능력입니다. 다음 3가지 기술을 통해 당신의 '눈치코치' 레벨을 높여보세요.

첫째, 정보를 수집하고 분석하는 기술입니다. '눈치코치'의 시작은 바로 '정보'입니다. 정보를 얻는 가장 좋은 방법은 경청하고 기록하는 것입니다. 회의나 대화 중 오가는 사소한 정보도 흘려듣지 마세요. 다른 사람이 하는 이야기에 귀 기울이고, 중요한 내용을 메모하는 습관을 들이면 자연스럽게 아는 만큼 보이고, 이는 곧 당신의 업무 역량으로 이어집니다.

모르는 것을 질문하는 것은 신입사원의 당연한 권리이자 의무입니다. 하지만 '눈치코치'가 있는 사람은 '어떻게 질문하느냐'가 다릅니다. 스스로 해결하려는 노력을 먼저 보인 뒤, 핵심을 짚는 질문을 던짐으로써 당신의 고민과 노력을 보여줘야 합니다. 이렇게 질문의 품질을 높이는 것은 당신의 능력을 증명하는 또 다른 방법입니다.

둘째, 상황을 읽고 주도적으로 행동하는 기술입니다. 주어진 업무만 잘하는 것을 넘어, 상사의 관심사, 팀/부서의 목표를 이해하고 그 업무가 전체 프로젝트나 회사에 어떤 영향을 미치는지 '큰 그림'을 그릴 줄 아는 능력이 바로 '눈치코치'의 심화 단계입니다. 이를 통해 업무의 우선순위를 스스로 파악하고, 보다 전략적으로 접근할 수 있게 됩니다. 또한, 상사가 묻기 전에 먼저 업무 진행 상황이나 정보를 보고하는 것은 '눈치코치'의 꽃입니다. 이는 당신의 책임감과 주도성을 보여주는 가장 확실한 방법입니다. 미리 보고함으로써 상사는 안심하고 다른 업무에 집중할 수 있으며, 이는 당신에 대한 신뢰로 이어집니다.

셋째, 경험을 통해 숙련도를 높이는 기술입니다. '경험이 최고의 스승'이라는 말처럼, '눈치코치'는 한 번에 얻어지는 것이 아닙니다. 실수를 두려워하지 말고, 선배나 동료의 '모범 사례'를 잘 관찰하세요. 수많은 업무 경험과 시행착오, 그리고 피드백을 통해 꾸준히 발전하는 능력이 바로 '눈치코치'입니다. 당신을 발전시키기 위한 노력을 멈추지 마세요.

> **임원이 주목하는 핵심**

① 눈치코치는 비공식 정보를 빠르게 습득하고, 상황을 읽으며 주도적으로 행동하는 능력입니다.
② 상사나 팀의 큰 그림을 이해하고, 먼저 보고하는 것은 주도성을 보여주는 핵심 행동입니다.

아이디어로 가치를 증명하라

　직장 생활에서 20대, 30대가 가질 수 있는 가장 강력한 무기 중 하나는 바로 '아이디어'입니다. 단순히 주어진 업무를 잘 처리하는 것을 넘어, "이렇게 하면 더 좋지 않을까요?", "이런 새로운 시도는 어떨까요?" 하고 손을 들고 의견을 내는 것은 당신이 단순한 직원이 아닌 회사의 미래를 함께 고민하는 주역이라는 인상을 줍니다. 아이디어 제안은 당신의 창의력을 마음껏 발산하는 기회이자, 당신의 존재감을 확실하게 각인시키는 가장 좋은 방법입니다. 이제 두려워 말고, 당신의 차례입니다.

　"신입이 뭘 안다고…", "괜히 나섰다가 이상한 사람 될까 봐…", "내 아이디어가 과연 통할까?" 이런 생각들이 당신의 목소리를 가로막고 있지는 않나요? 하지만 기억하세요. 당신의 아이디어는 그 어떤 선배의 아이디어보다 가치 있을 수 있습니다. 당신은 아직 기존의 관행이나 고정관념에 갇혀 있지 않기 때문에, 다른 구성원들이 보지 못하는 새로운 문제점이나 신선한 해결책을 발견할 수 있습니다. '왜 저렇게 할까?'라는 순수한 질문에서 혁신적인 아이디어가 시작될 수 있습니다. 20대, 30대는 빠르게 변화하는 트렌드의 중심에 서 있는 경우가 많아, 당신의 경험과 감각은 곧 비즈니스 통찰력으로 이어질 수 있습니다.

아이디어를 제안하는 행위 자체만으로도 당신은 '주도적이고, 능동적이며, 회사에 기여하려는 의지가 강한 인재'로 평가받습니다. 설령 그 아이디어가 당장 채택되지 않더라도, 당신의 생각하는 힘과 문제의식이 드러나 다음 기회로 이어질 수 있습니다. 정체된 조직에 새로운 아이디어는 활력을 불어넣고, 다른 팀원들에게도 긍정적인 자극이 되어 창의적인 분위기를 조성하는 데 기여합니다. 당신의 아이디어는 결코 작지 않습니다. 그것은 회사에 새로운 가능성을 제시하고, 당신 자신을 성장시키는 강력한 동력이 될 수 있습니다. 하지만 번뜩이는 영감만으로는 부족합니다. 그것을 설득력 있게 가다듬고, 적절한 방법으로 전달하는 과정과 방법에 대해 알아보겠습니다.

첫째, 아이디어의 싹을 틔우는 관찰과 질문입니다. 아이디어는 어느 날 갑자기 하늘에서 뚝 떨어지지 않습니다. 일상적인 업무와 주변 환경에 대한 깊은 관찰과 질문에서 시작됩니다. "이거 왜 이렇게 불편하지?", "더 효율적인 방법은 없을까?"와 같이 일상적인 업무나 고객의 반응에서 느껴지는 작은 불편함이나 비효율성을 놓치지 마세요. 이런 '문제의식'이 곧 아이디어의 씨앗이 됩니다. 또한, "이건 왜 이렇게 해왔을까?", "꼭 이렇게 해야만 할까?"와 같이 기존의 방식에 끊임없이 '왜?'라는 질문을 던져보세요. 오래된 관행 속에 개선점이 숨어 있을 수 있습니다. 다른 산업 분야나 경쟁사는 어떤 방식으로 문제를 해결하고 있는지 벤치마킹하는 것도 좋은 아이디어 소스가 됩니다. 시장의 변화, 기술 트렌드, 젊은 세대의 소비 패턴 등 빠르게 변화하는 외부 환경에 민감하게 반응할수록 새로운 비즈니스 기회나 개선점을 발견할 가능성이 커집니다.

둘째, 아이디어를 구체화하는 작업입니다. 번뜩이는 아이디어도 구체적이지 않으면 공감을 얻기 어렵습니다. 당신의 아이디어를 논리적으로 가다듬는 과정이 반드시 필요합니다. 먼저, 당신의 아이디어가 어떤 문제점을 해결하려고 하는지, 그 문제점이 얼마나 심각한지 명확하게 제시해야 합니다. "이것 때문에 ○○한 어려움이 있습니다"와 같이 구체적인 언어로 설명하세요. 다음으로, 그 문제점에 대한 당신의 아이디어를 구체적인 해결책으로 제시합니다. "저는 이런 방법으로 해결할 수 있다고 생각합니다"라고 명확하게 제안하세요. 또한, 당신의 아이디어를 실행했을 때 어떤 긍정적인 효과(매출 증대, 비용 절감, 효율성 향상, 고객 만족도 증대 등)를 가져올지 예측하고, 가능하다면 수치로 제시해야 합니다. 예를 들어, "이 아이디어를 적용하면 약 15%의 비용 절감 효과가 있을 것으로 예상합니다"와 같이 말입니다.

    모든 아이디어에는 리스크가 따르므로, 발생 가능한 리스크를 미리 생각해 보고 그에 대한 대응 방안까지 함께 제시한다면 당신의 아이디어가 더욱 설득력을 얻을 수 있습니다. 이는 아이디어를 심층적으로 고민했다는 증거입니다. 마지막으로, 복잡한 아이디어라도 첫 문단이나 첫 페이지에서 핵심 내용을 요약하여 제시하고, 이후 구체적인 내용을 풀어내는 두괄식 방식을 활용하고, 시각 자료(표, 그래프, 다이어그램)를 적절히 활용하여 이해도를 높이는 것이 좋습니다.

셋째, 아이디어를 제안하는 기술입니다. 아무리 좋은 아이디어라도 전달 방식이 서투르면 빛을 발하기 어렵습니다. 아이디어를 제안할 때는 적절한 채널과 태도가 중요합니다. 처음부터 거창한 보고서를 쓰기보다, 평소 업무 대화 중 상사나 선배에게 "이런 아이디어는 어떠세요?" 하고 가볍게 운을 떼는 비공식적 제안으로 시작해 보세요. 그들의 반응을 보고 아이디어를 발전시킬 수 있습니다. 아이디어를 좀 더 구체화했다면 이메일이나 정식 보고서 형태로 공식적 제안을 할 수도 있습니다. 이때는 핵심 내용을 명확히 담고 설득력 있는 논리를 구성해야 합니다. 또한, 아이디어 회의나 브레인스토밍 시간에는 주저하지 말고 당신의 아이디어를 제시하여 적극성을 보여주는 것도 좋은 방법입니다.

이런 기회를 잡기 위해서는 평소에 아이디어에 대한 고민을 습관화해야 합니다. 당신의 아이디어를 제시할 때는 스스로 확신하는 자신감 있는 태도를 보여주세요. 아이디어를 제안한 후에는 열린 마음으로 피드백을 받아들이세요. 비판적인 피드백이더라도, 이는 당신의 아이디어를 발전시키고 당신 자신을 성장시키는 중요한 자양분이 됩니다. "아, 그렇게 생각할 수도 있겠네요. 제가 미처 생각하지 못한 부분입니다."와 같이 유연하게 반응하는 태도가 필요합니다.

임원이 주목하는 핵심

① 아이디어 제안은 회사에 대한 주인의식을 보여줍니다.
② 아이디어는 일상 속 '왜?'라는 질문에서 시작됩니다.
③ 아이디어를 제안할 때는 자신감 있는 태도로 하고, 피드백을 수용할 수 있어야 합니다.

10

자기 계발은 선택이 아닌 필수

직장인들에게 '자기 계발'은 선택이 아닌 필수가 되었습니다. 입사와 동시에 마치 자동 완성처럼 따라붙는 이 단어는 때로는 부담스럽게 느껴지기도 합니다. 하지만 급변하는 시대에 자기 계발은 더 이상 회사 안에서의 성공만을 위한 것이 아닙니다. 그것은 바로 당신이 '퇴사 후에도 써먹을 스킬'을 장착하고, 불확실한 미래에 대비하며, 스스로의 가치를 지속적으로 높여가는 '평생 학습'의 과정입니다. 회사라는 울타리 안에서 배우는 것을 넘어, '나'라는 브랜드를 강화하는 것이 자기 계발의 궁극적인 목표입니다. 평생직장 개념이 사라진 지 오래고, AI와 기술 발전은 우리가 알던 직업의 개념마저 바꾸고 있습니다. 이러한 불확실성 속에서 당신의 생존력과 자유로운 선택권을 확보하기 위한 필수적인 투자가 바로 자기 계발입니다.

여러분들이 막연한 목표만 세우고 현실에 안주하는 순간, 10년 뒤의 나를 후회하게 만드는 게 경쟁환경에서의 직장 생활입니다. "나는 지금 회사에서 **뼈**를 묻을 거야!"라고 자신 있게 말할 수 있는 사람이 얼마나 될까요? 만약 당신이 지금 이 순간 자기 계발을 잠시 미뤄두고 현실에 안주한다면, 10년 뒤, 20년 뒤의 당신은 전혀 다른 모습으로 서 있을지도 모릅니다. 당신 옆에서 묵묵히 새로운 기술을 배우고, 다양한 분야의 책을 읽으며, 주말에도 기꺼이 시간을 투자했던 동료들은 어느새 팀의 핵심 인재로 인정받고 있을 겁니다. 그들은 눈에 띄는 성과를 내고, 승진의 기회를 잡으며, 더 중요한 프로젝트를 이끌어가는 주역이 되어 있을 것입니다.

반면, 당신은 여전히 10년 전의 업무 방식에 머물러 있고, 새로운 기술에 대한 이해가 부족해 동료들과의 대화에 끼어들기 어려워질 수 있습니다. '나도 그때 좀 더 노력했더라면…' 하는 후회가 밀려오는 순간은 생각보다 빨리 찾아옵니다. 10년, 20년의 시간 동안 쌓인 작은 격차는 결국 넘을 수 없는 거대한 장벽이 되어 당신의 커리어를 가로막을 것입니다. 오늘 배운 기술이 내일이면 구식이 될 수 있고, 회사에서 요구하는 역량이 끊임없이 변하는 시대에 스스로의 전문성을 빠르게 업데이트하지 않는다면 도태될 수밖에 없는 것이 냉정한 현실입니다. 결국 '평생 학습'과 '퇴사 후에도 써먹을 스킬' 장착은 단순히 개인의 성장을 넘어, 당신의 생존력과 자유로운 선택권을 확보하기 위한 필수적인 투자입니다.

직장 내 성공을 위해서는 자기 계발이 필수입니다. 자기 계발은 먼 미래의 성공뿐만 아니라, 지금 당장 회사 생활의 성과를 높이는 데도 결정적인 역할을 합니다. 당신의 업무 전문성을 강화하는 것은 물론, 회사가 주목하는 핵심 인재로 성장하는 데 필수적인 요소입니다. 당신의 현재 직무와 관련된 최신 기술, 트렌드, 성공 사례 등을 꾸준히 학습한다면 업무의 깊이를 더할 수 있고, 이는 곧 업무 효율성 향상과 더 좋은 성과로 이어집니다. 또한, 다양한 분야의 지식을 접하고 새로운 시각을 갖게 되면, 회사에서 직면하는 복잡한 문제들을 더 창의적이고 효과적으로 해결할 수 있는 능력이 길러집니다. 다른 부서의 업무나 새로운 기술에 대한 이해도를 높이면, 팀 내 협업을 원활하게 만들고 나아가 새로운 프로젝트를 주도하는 기회를 잡을 수 있으며, 이는 당신의 커리어를 확장하는 데 큰 도움이 됩니다.

그러면 지치지 않고 꾸준히 실천하기 위해서는 어떻게 해야 할까요?

자기 계발은 장기적인 마라톤과 같습니다. 지치지 않고 꾸준히 나아가기 위해서는 '작은 성공'을 통해 스스로에게 동기를 부여하는 것이 중요합니다. 먼저, '매일 30분씩 ○○를 공부한다'와 같이 구체적이고 달성 가능한 목표를 설정하는 것이 좋습니다. 그리고 학습한 내용, 얻은 인사이트, 달성한 목표 등을 꾸준히 기록하며 스스로의 성장을 눈으로 확인하는 것은 강력한 동기가 됩니다. 작은 목표를 달성했을 때 스스로에게 작은 보상(예: 좋아하는 커피 마시기, 짧은 휴식 취하기)을 주는 것도 좋은 방법입니다. 물론 때로는 슬럼프가 찾아올 수도 있습니다. 완벽하게 해내지 못하더라도, '괜찮아, 다시 시작하면 돼!'라는 마음으로 포기하지 않고 꾸준히 이어가는 것이 중요합니다. 당신의 '평생 학습' 여정이 당신의 미래를 더욱 단단하고 빛나게 만들 것입니다.

임원이 주목하는 핵심

꾸준한 자기 계발은 현재 업무 전문성을 강화하고 회사의 핵심 인재로 성장하는 데 필수적으로, 회사에서 꼭 필요한 인재로 인식하게 됩니다.

4장
관계와 커뮤니케이션

이 장에서는 직장인들이 복잡한 직장 내 관계를 현명하게 구축하고, 프로페셔널한 매너를 통해 자신의 가치를 높이는 법에 대해 소개합니다. 회식과 술자리 같은 비공식적인 자리에서도 나의 평판을 관리하고 네트워크를 확장하며 스마트하게 대처하는 방법을 제시합니다.

인사만 잘해도 승진한다

직장 생활에서 승진은 많은 이들의 목표입니다. 뛰어난 업무 성과, 탁월한 문제 해결 능력, 리더십 등 다양한 요소들이 승진의 필수 조건으로 여겨지곤 합니다. 하지만 인사권자의 시선에서 볼 때, 승진 대상자를 선정하는 과정에는 객관적인 업무 능력 외에 좀 더 인간적인 요소들이 깊숙이 개입된다는 사실을 간과할 수 없습니다.

인사권자는 하위 직원을 승진시킬 때, 당연히 해당 직원의 업무 성과를 중요하게 평가합니다. 하지만 여기에 덧붙여, '이 직원이 평소 나에게 얼마나 인간적으로 잘했는가?', '인사는 잘하는가?', '승진 후에도 나에게 계속 잘해줄까?', '실질적으로 나에게 도움이 될까?'와 같이 개인적인 이해관계를 고려하는 경향이 있습니다. 회사의 공식적인 승진 심사 과정과는 별개로, 인사권자 개인의 주관적인 판단과 기대가 크게 작용한다는 의미입니다.

이러한 맥락에서 평소에 인사 잘하는 것은 생각보다 훨씬 더 중요한 의미를 지닙니다. 인사는 단순한 예의를 넘어, 상대방에 대한 존중과 긍정적인 태도를 보여주는 가장 기본적인 행동입니다. 매일 아침 밝은 얼굴로 건네는 "안녕하세요!", 퇴근 시 "수고하셨습니다!"라는 인사 한마디는 무심코 지나칠 수 있는 작은 행위처럼 보이지만, 인사권자에게는 다음과 같은 긍정적인 인상을 심어줄 수 있습니다.

첫째, 인사를 잘하는 직원은 대체로 밝고 긍정적인 에너지를 가지고 있다고 인식됩니다. 이런 직원은 팀의 사기를 북돋우고 긍정적인 분위기를 조성하는 데 큰 역할을 합니다. 예를 들어, 아침에 활기차게 건네는 "안녕하세요!" 한마디는 무거운 분위기를 가볍게 만들고, 팀원들이 서로에게 마음을 여는 계기가 됩니다. 긍정적인 태도는 단순히 개인의 성격을 넘어, 협업의 효율성을 높이고 문제 해결 과정을 순조롭게 만듭니다. 사람들은 함께 일할 때 편안하고 즐거운 환경을 선호하므로, 밝은 에너지를 가진 사람을 자연스럽게 더 신뢰하고 의지하게 됩니다. 결국, 이런 긍정적인 인상은 업무 성과를 넘어 '함께 일하고 싶은 동료'라는 강력한 평가를 만들어냅니다.

둘째, 인사는 기본적으로 윗사람에 대한 예의와 존중을 표현하는 가장 쉬운 방법입니다. 인사를 잘한다는 것은 단순히 예의가 바른 것을 넘어, 조직 내 위계질서를 이해하고 윗사람을 존중할 줄 아는 사람이라는 깊은 인상을 줍니다. 예를 들어, 바쁜 와중에도 눈을 마주치고 밝게 인사하는 행동은 '제가 당신을 존중하고 있으며, 당신의 존재를 중요하게 생각합니다'라는 무언의 메시지를 전달합니다. 인사권자의 입장에서는 자신을 존중하는 직원을 당연히 더 좋게 평가하게 되고, 이는 신뢰와 호감으로 이어집니다. 이런 태도는 개인의 성품은 물론, 조직 문화에 대한 이해도를 보여주며, 앞으로 더 높은 직책을 맡을 준비가 된 인재라는 인상을 줍니다.

셋째, 인사를 잘하는 것은 곧 다른 사람과의 관계를 중요하게 생각하고 원만하게 소통하려는 의지가 있다는 것을 보여줍니다. 직장 생활은 결국 사람과 사람이 함께하는 것이기에, 뛰어난 대인관계 능력은 중요한 평가 요소가 됩니다. 인사를 통해 먼저 다가가는 행동은 폐쇄적이지 않고 개방적인 사람이라는 인상을 주며, 이는 협업이나 팀 프로젝트에서 긍정적인 시너지로 이어집니다. 또한, 작은 인사 습관은 상대방의 기분이나 상황을 살피는 민감성을 길러주어 원활한 소통의 밑바탕이 됩니다. 인사권자는 이런 직원을 보며 '이 직원은 다양한 사람들과 잘 어울리고, 조직 내 갈등을 줄이며 목표 달성에 기여할 수 있는 사람'이라고 평가하게 됩니다.

넷째, 인사권자는 인사를 잘하는 직원을 보며 '저 직원은 승진 후에도 나에게 꾸준히 신경 쓰고 잘할 것이다'라는 막연한 기대를 갖게 됩니다. 이러한 기대감은 승진 결정에 알게 모르게 영향을 미칠 수 있습니다. 인사는 일회성 행위가 아니라, 꾸준하고 성실한 태도를 보여주는 지표가 됩니다. 예를 들어, 매일 아침 변함없이 건네는 "안녕하세요"는 성실함의 증거이며, 인사권자는 이런 꾸준함이 승진 후에도 계속될 것이라 기대합니다. 또한, 인사를 통해 형성된 긍정적인 이미지는 인사권자와의 개인적인 신뢰 관계를 구축하는 데 결정적인 역할을 합니다. 같은 실력의 두 직원이라면, 평소 인사로 좋은 인상을 남긴 직원이 더 유리한 고지를 점할 수밖에 없습니다.

　물론 인사를 잘하는 것만으로 모든 직원이 승진할 수 있는 것은 아닙니다. 업무 능력, 성과, 잠재력 등 기본적인 역량은 여전히 중요합니다. 하지만 앞서 언급했듯이, 인사권자의 주관적인 판단이 개입되는 승진 심사 과정에서는 인사를 잘하는 것이 최소한 한 가지의 강력한 가산점이 될 수 있습니다. 같은 실력의 두 직원이라면, 평소에 인사권자에게 긍정적인 인상을 준 직원이 더 유리한 고지를 점할 수 있다는 뜻입니다.

　그러므로 신입사원이든, 베테랑 직원이든 직장 생활에서 인사를 소홀히 해서는 안 됩니다. 인사는 관계의 시작이자, 상대방에 대한 존중을 표현하는 가장 쉬우면서도 효과적인 방법입니다. 작은 인사 한마디가 여러분의 이미지를 긍정적으로 만들고, 장기적으로는 승진의 기회를 잡는 데 중요한 발판이 될 수 있음을 기억하시기 바랍니다.

임원이 주목하는 핵심

① 인사는 긍정적 인상을 주고, 윗사람 존중과 조직 충성도를 보여줍니다.
② 인사를 통해 쌓인 신뢰는 승진을 결정하는 주관적 판단에 영향을 줍니다.

현명한 인간관계 구축 전략

직장 생활에서 관계는 단순히 '잘 지내는 것' 이상의 의미를 가집니다. 직장인들에게 관계는 곧 정보의 흐름이자, 업무의 효율성, 그리고 나아가 당신의 성장에 직결되는 핵심 요소입니다. 특히 직장 초기 3개월 동안 상사, 선배, 동료들과 어떻게 관계를 구축하느냐에 따라 당신의 직장 생활 만족도가 크게 달라질 수 있습니다. 아부가 아니라, '협업'이라는 단어에 집중해야 하는 이유가 바로 여기에 있습니다.

상사는 당신의 업무를 지시하고 평가하며, 궁극적으로 당신의 성장에 가장 큰 영향을 미치는 존재입니다. 상사와의 관계는 '아부'가 아닌 '신뢰'를 바탕으로 한 '성과 파트너십'으로 접근해야 합니다. 상사는 당신에게 무엇을 기대할까요? 단순히 '착하고 말 잘 듣는 신입'보다는 '업무에 기여하고 성과를 내는 인재'를 원합니다. 상사의 성격, 업무 스타일, 현재 가장 중요하게 생각하는 목표 등을 면밀히 파악하세요. 공식적인 자리뿐만 아니라 비공식적인 대화에서도 상사의 관심사와 우선순위를 캐치하려는 노력이 필요합니다.

상사와의 소통에서 가장 중요한 것은 '보고'입니다. 단순한 정보 전달을 넘어, 당신의 업무 진행 상황과 고민을 투명하게 공유하고, 필요한 경우 도움을 요청하는 과정입니다. 상사가 궁금해하기 전에 먼저 보고하는 '선제 보고'는 당신의 책임감을 보여줍니다. 또한, 보고할 때는 '핵심부터', '간결하게', 그리고 '데이터 기반'으로 이야기하는 습관을 들이세요. 상사의 시간을 아껴주는 것이 곧 신뢰를 쌓는 길입니다.

상사의 지시를 단순히 '해야 할 일'로만 여기지 마세요. 그 지시가 왜 내려졌는지, 궁극적으로 어떤 목표를 달성하기 위한 것인지 고민하는 습관을 들이세요. 지시를 이해하고, 예상되는 문제점을 미리 파악하여 역으로 질문하거나 대안을 제시할 수 있다면, 상사는 당신을 '생각하는 직원'으로 인식할 것입니다. 선배들은 당신의 직무에 대한 실질적인 노하우와 회사 내 암묵적인 룰을 알려주는 가장 중요한 존재입니다. 선배와의 관계는 '배움'과 '협력'에 초점을 맞춰야 합니다.

'아는 척'은 금물입니다. 아무리 인턴 경험이 많고 관련 지식이 풍부해도, 이 회사에서의 '실전'은 선배들이 훨씬 앞서 있습니다. 모르는 것은 주저 없이 질문하고, 선배들의 노하우를 스펀지처럼 흡수하려는 겸손한 태도를 보여주세요. 질문할 때는 '무엇을 궁금해하는지' 명확하게 전달하고, 같은 질문을 반복하지 않도록 꼼꼼하게 메모하는 것이 중요합니다.

선배들의 업무적인 어려움이나 고충을 경청하고 공감하는 태도는 관계를 부드럽게 만듭니다. 때로는 업무 외적인 이야기나 회사 생활 팁을 알려줄 때도 있습니다. 이러한 대화는 선배들이 당신을 '이야기가 통하는 후배'로 여기게 만들고, 더 많은 정보와 조언을 얻을 수 있는 기회가 됩니다.

선배의 업무를 옆에서 지켜보며 당신이 도울 수 있는 작은 일들을 찾아보세요. "선배님, 제가 이 부분 자료 정리 도와드릴까요?", "혹시 제가 인쇄 도와드릴 일 있으실까요?"와 같은 적극적인 태도는 선배들에게 '센스 있는 신입'이라는 인상을 심어줍니다. 이러한 작은 도움들이 쌓여 나중에 당신이 어려운 상황에 처했을 때 기꺼이 도움을 줄 수 있는 든든한 아군이 되어줄 것입니다.

임원이 주목하는 핵심

상사와의 관계는 신뢰를 바탕으로 한 '성과 파트너십'으로, 상사의 목표를 파악하고 성과 달성을 통해 신뢰를 쌓아야 합니다.

꺼진 불도 다시 보자

직장 생활에서 함께 일하던 상사가 어려움에 처하거나 한직으로 밀려나는 상황을 마주할 수 있습니다. 대부분의 사람들은 새로운 상사에게 집중하지만, 이때야말로 '꺼진 불도 다시 보자'는 태도로 진정한 스마트함을 보여줄 때입니다. 잠시 어려움에 처한 전 상사에게 따뜻한 안부와 작은 관심을 기울이는 것은 단기적인 시야를 넘어 장기적인 관점에서 당신의 커리어를 더욱 견고하게 만들어 줄 중요한 지혜입니다.

좌천은 결코 '끝'이 아니라 '잠시 멈춤'인 경우가 많습니다. 특히 한국 기업 문화에서는 '회전문 인사'라는 말이 있을 정도로, 한직으로 밀려났던 인재가 다시 핵심 보직으로 돌아오는 경우가 빈번합니다. 당신이 보여주는 일관된 태도는 눈앞의 이익에만 집중하는 대다수의 사람들과 당신을 차별화시키며, 미래를 위한 소중한 자산이 될 수 있습니다. 이는 단순히 의리가 아닌 장기적인 관점의 현명한 투자입니다. 대부분이 외면할 때 먼저 다가가 안부를 묻는다면, 그 상사는 당신을 결코 잊지 못할 것입니다. 사람들은 힘들 때 옆에 있어 준 사람을 잊기 어렵습니다. 어려움 속에서도 변치 않는 당신의 모습은 깊은 인상을 주며, '직장 동료'를 넘어 '인간 대 인간'으로서의 깊은 신뢰를 형성하는 결정적인 계기가 됩니다. 이러한 관계는 훗날 당신에게 강력한 지지 기반이 되어줄 수 있습니다.

   좌천되었다고 해서 그들의 가치가 사라지는 것은 아닙니다. 그들은 여전히 회사 내부의 광범위한 네트워크를 가지고 있으며, 당신이 모르는 중요한 정보를 접할 수도 있습니다. 당신의 작은 관심은 그들이 다시 중요한 역할을 맡게 되었을 때 든든한 조력자를 얻는 결과를 낳을 수 있습니다. 표면적인 직책에 얽매이지 않고, 사람 자체의 가치와 잠재력을 알아보는 혜안은 당신을 더욱 뛰어난 직장인으로 만들어 줍니다.

   이처럼 '꺼진 불도 다시 보자'는 지혜로운 관계 관리는 단순히 처세술을 넘어, 예측 불가능한 직장 생활 속에서 당신을 지지해 줄 든든한 자산이 될 것입니다. 순간의 판단보다는 장기적인 안목으로 인간관계를 구축해 나가는 것이 중요합니다.

> **임원이 주목하는 핵심**

① 좌천된 상사에게 보여주는 인간적인 존중은 미래를 위한 든든한 투자가 될 수 있습니다.

② 모두가 외면할 때 먼저 다가가 건네는 따뜻한 정은 훗날 큰 도움으로 돌아올 수 있습니다.

③ 한직에 있더라도 그들의 가치를 존중한다면 숨겨진 정보와 네트워크를 얻는 인연으로 이어집니다.

사소한 거짓말도 상사는 다 안다

　직장 생활에서 신뢰는 여러분의 커리어를 좌우하는 가장 중요한 요소입니다. 아무리 뛰어난 능력을 가졌더라도, 단 한 번의 사소한 거짓말로 쌓아 올린 모든 신뢰가 무너질 수 있습니다. 상사는 오랜 경험을 통해 여러분의 말과 행동을 분석하고, 거짓말을 꿰뚫어 봅니다. 한번 깨진 신뢰는 회복하기가 거의 불가능하며, 상사는 결국 당신을 '거짓말쟁이'라는 색안경을 끼고 보게 됩니다. 아무리 진실을 말해도 믿지 않게 되고, 중요한 일은 더 이상 맡기지 않게 되죠.

　상사들은 여러분이 무심코 던진 말, 미묘한 표정 변화, 업무 보고서의 빈틈까지도 예리하게 포착합니다. 거짓말을 하는 순간, 여러분은 자신도 모르는 사이에 '신뢰할 수 없는 사람'이라는 낙인을 찍게 됩니다. 예를 들어, 마감 기한을 지키지 못한 신입사원 김 대리가 시스템 오류를 핑계로 댈 때, 상사는 이미 그 거짓말을 알고 있습니다. 굳이 지적하지 않아도 속으로는 '이 친구는 솔직하지 못하네'라고 생각하죠. 이처럼 사소한 거짓말은 상사에게 당신이 문제를 회피하려는 사람이라는 인상을 심어주고, 결국 중요한 프로젝트에서 배제되는 결과를 초래합니다.

직장에서 가장 흔한 거짓말은 업무와 관련된 것입니다. 마감 기한을 못 지키고 "생각보다 복잡해서요"라고 둘러대거나, 실수를 숨기기 위해 남 탓을 하는 거짓말은 상사에게 당신이 일정을 관리하지 못하고 책임감 없는 사람이라는 인상을 줍니다. 한편, 업무 외적인 부분에서의 거짓말 역시 치명적입니다. 직장 내 뒷담화로 허위 사실을 유포하거나, 개인적인 이유로 업무에 지장을 줄 때 거짓말을 하면 당신의 인성과 도덕성까지 의심받게 됩니다. 이러한 거짓말은 결국 당신의 평판을 한순간에 무너뜨리고, 동료들과의 관계까지 파괴할 수 있습니다.

거짓말은 당신의 커리어에 비극적인 영향을 미칩니다. '미루기의 달인' 박 과장은 잦은 거짓말로 팀장의 신뢰를 잃어 중요한 업무에서 배제되었고, '거짓말은 또 다른 거짓말을 낳는다'는 이 사원은 결국 스스로 쌓아 올린 거짓말의 벽에 갇혀 퇴사하게 되었습니다. 또한, '투명 인간'이 된 최 팀장처럼, 뒷담화를 즐겨 하던 사람은 상사에게 신뢰를 잃고 팀 내에서 존재감을 상실하기도 했습니다.

이처럼 사소한 거짓말은 당신의 직장 생활을 송두리째 흔들 수 있습니다. 이 비극을 피하기 위한 최고의 무기는 바로 솔직함과 정직함입니다. 실수를 했다면 솔직하게 인정하고, 변명 대신 해결책을 찾는 데 집중해야 합니다. 또한, 자신의 말과 행동에 책임을 지는 태도를 보여야 합니다. 직장 생활은 결국 신뢰 싸움입니다. 당신의 능력은 눈에 보이는 성과로 증명되지만, 진정한 가치는 보이지 않는 신뢰로 측정됩니다. 오직 정직함만이 당신을 더 높고 중요한 자리로 이끌어 줄 것입니다.

임원이 주목하는 핵심

① 상사는 사소한 거짓말도 다 알기에, 신뢰를 잃으면 중요한 일은 맡기지 않습니다.
② 거짓말은 책임감과 인성을 의심하게 만드니 아예 하지 마세요.
③ 솔직함과 정직함은 신뢰를 쌓고 당신을 더 높은 자리로 이끄는 최고의 무기입니다.

뒷담화, 평판을 망친다

　직장 동료와 함께하는 시간 속에서 자연스럽게 정이 들고, 회식 자리에서 솔직한 대화가 오가는 것은 흔한 일입니다. 하지만 이때, 특정 상사나 동료의 단점에 대한 뒷담화로 대화가 변질될 수 있습니다. 직장인이라면 명심해야 할 것은, 동료의 업무 능력을 험담하거나 특정인을 대상으로 부정적인 이야기를 주고받는 것은 절대 금물이라는 사실입니다. 근거 없이 타인에 대해 함부로 이야기하는 것은 여러분의 직장 생활 전체를 흔들 수 있는 위험한 행동입니다.

　많은 사람들이 "내가 한 이야기가 설마 저 사람 귀에까지 들어가겠어?"라고 가볍게 생각하지만, 이는 직장에서 가장 위험한 착각입니다. 여러분의 입에서 나간 이야기는 결국 당사자에게 전달되기 마련입니다. 뒷담화가 여러분의 직장 생활에 '시한폭탄'과 같은 존재인 이유는 다음과 같은 치명적인 결과를 가져오기 때문입니다.

　첫째, 돌이킬 수 없는 관계 파국과 깊은 배신감이 발생합니다. 여러분의 험담이 당사자에게 전달되는 순간, 관계는 회복 불가능한 파국을 맞게 됩니다. 아무리 친밀했던 동료나 선후배라도, 자신에 대한 뒷담화를 알게 되면 깊은 배신감을 느낄 수밖에 없습니다. 한번 깨진 신뢰는 다시 쌓기 어렵습니다. 이는 업무 협조를 어렵게 만들 뿐만 아니라, 여러분의 커리어에도 직접적인 부정적 영향을 미칩니다.

예를 들어, 신입사원 김 대리와 입사 동기 박 사원은 친한 사이였지만 회식 자리에서 부장님에 대한 뒷담화를 했습니다. 며칠 후, 박 사원이 흘린 이야기가 결국 부장님 귀에 들어갔고, 부장님은 김 대리를 철저히 배제했습니다. 김 대리는 박 사원에게 배신감을 느끼고 부장님의 비협조적인 태도에 고통받다 결국 1년 만에 퇴사하게 되었습니다. 이처럼 뒷담화는 한순간의 실수로 평생의 신뢰를 무너뜨리고 관계를 파괴할 수 있습니다.

둘째, 부정적인 평판과 돌이킬 수 없는 커리어 손상이 발생합니다.

뒷담화를 즐기는 사람은 직장 내에서 '입이 가벼운 사람'이라는 부정적인 평판을 얻게 됩니다. 이는 당신이 아무리 뛰어난 업무 능력을 가졌더라도 커리어에 치명적인 독이 될 수 있습니다. 상사나 동료들은 당신을 중요한 정보나 기밀을 다루는 민감한 프로젝트에서 자연스럽게 제외할 것이고, 이는 성장 기회 박탈로 이어져 승진이나 연봉 인상에도 악영향을 미칩니다. 심지어 이직 시에도 이러한 평판은 부정적으로 작용할 수 있습니다.

예를 들어, 뛰어난 영업 실적을 자랑하던 이 과장은 '정보통'으로 불리며 동료나 임원의 사생활, 업무 실책 등에 대해 이야기하곤 했습니다. 처음엔 흥미로워하던 동료들도 그의 이야기가 과장되거나 사실과 다르다는 것을 알게 되었고, 결국 "이 과장은 입이 가벼워 중요한 정보를 공유하면 안 된다"는 평판이 돌기 시작했습니다. 아무도 그를 신뢰하지 않게 되면서, 뛰어난 업무 능력에도 불구하고 중요한 프로젝트에서 계속 배제되었습니다. 이처럼 뒷담화로 인해 굳어진 부정적 이미지는 당신의 능력을 가리고 성공을 방해합니다.

셋째, 조직 내 불신 조장 및 팀워크의 근본적 저해가 발생합니다.

뒷담화는 개인 관계를 넘어 조직 전체의 불신을 조장하고 팀워크를 심각하게 해칩니다. 서로를 믿지 못하는 분위기에서는 효율적인 협업이 불가능합니다. 자신의 이야기가 뒤에서 오르내릴까 불안해하고, 타인에게 마음을 열지 못하게 되는 상황은 팀 생산성 저하로 이어져 결국 회사 실적에까지 악영향을 미칩니다.

예를 들어, 마케팅팀 최 부장은 특정 팀원들의 뒷담화를 자주 했습니다. 이 소식을 들은 김 대리와 박 주임은 깊은 상실감과 함께 동기 부여를 잃었고, 팀원들은 서로를 불신하며 대화를 단절했습니다. 협업이 이루어지지 않으면서 신제품 출시 일정에 차질이 생겼고, 팀 전체가 무기력해지며 이직을 고민하기 시작했습니다. 이처럼 뒷담화는 한 개인을 넘어 팀 전체를 무너뜨릴 수 있습니다.

임원이 주목하는 핵심

① 뒷담화는 관계를 회복 불가능하게 만듭니다.
② 뒷담화를 즐겨 하면 커리어에 손상을 입게 됩니다.
③ 뒷담화는 불신을 조장하고 팀 생산성을 떨어뜨립니다.

> 6

선물은 관계의 윤활유

직장 생활을 하면서 '선물'이라는 단어를 들으면 어떤 생각이 드나요? '과연 필요한 걸까?', '혹시 뇌물로 비치면 어떡하지?' 같은 고민이 앞설지도 모릅니다. 하지만 선물을 현명하게 활용하는 것은 비즈니스 관계를 건강하게 만들고, 당신의 커리어에 긍정적인 영향을 미칠 수 있는 강력한 도구입니다. '뇌물'이 아닌 '센스 있는 선물'은 당신의 인간적인 면모와 세심함을 보여주며, 성공적인 직장 생활의 중요한 지혜입니다. 사소해 보일 수 있지만, 적절한 순간에 건네는 진심 어린 선물은 당신에게 마법 같은 힘을 부여할 수 있습니다.

직장 생활에서 선물이 중요한 이유입니다. 선물은 단순히 물건을 주고받는 행위를 넘어, 인간관계를 형성하고 강화하는 복잡한 사회적 상호작용입니다. 직장 생활에서도 이러한 선물의 힘을 이해하고 활용하는 것은 매우 중요합니다. 선물은 상대방에 대한 감사와 존중, 그리고 좋은 관계를 유지하고 싶다는 마음을 전달하는 효과적인 방법입니다. 특히 직장에서는 업무적인 관계를 인간적인 관계로 발전시키는 윤활유 역할을 할 수 있습니다. 적절한 시기에 센스 있는 선물을 하는 사람은 '세심하고 배려심 깊은 사람'이라는 긍정적인 인상을 주며, 이는 당신의 평판을 높이고 호감을 사는 데 기여합니다. 때로는 말로 표현하기 어려운 감사나 미안함 같은 감정을 선물을 통해 전달할 수 있으며, 이는 효과적인 소통의 매개체가 됩니다.

결국 현명한 선물은 관계를 강화하고 유지하며, 긍정적인 인상을 형성하고, 비즈니스 기회를 창출하며, 심리적 보상 효과를 통해 소통을 돕고, 직장 생활의 활력을 더해주는 중요한 지혜입니다. '월급은 스쳐 갈 뿐'이라고 생각하는 당신의 돈이, 현명한 선물로 투자될 때 더욱 큰 가치로 돌아올 수 있음을 기억해야 합니다. 선물은 그 자체보다 '어떻게 주느냐'가 훨씬 중요하므로, 진심이 담긴 센스 있는 선물을 통해 관계를 더욱 건강하게 만드는 노하우들을 알아봅시다.

누구에게 선물을 보낼 것인가? 관계의 중요도 파악이 필요합니다. 선물은 모든 사람에게 무작정 하는 것이 아닙니다. 당신의 직장 생활에 긍정적인 영향을 주었거나 줄 수 있는 사람들에게 집중하는 것이 현명합니다. 먼저, 당신의 업무에 실질적인 도움을 주었거나, 힘든 시기에 조언과 격려를 아끼지 않았던 선배, 동료, 후배에게 감사의 마음을 담아 선물하는 것을 고려해 볼 수 있습니다. 그들의 도움 덕분에 당신이 어려움을 극복했거나 성과를 낼 수 있었다면, 작은 선물이라도 그들에게 큰 격려와 보람이 될 것입니다.

다음으로, 직장 생활을 넘어 당신의 성장에 영향을 준 멘토에게는 감사와 존경의 마음을 담아 선물을 준비하는 것도 좋은 관계를 유지하는 방법입니다. 멘토는 단순히 업무를 넘어 당신의 커리어 방향 설정이나 직업적 가치관 확립에 큰 영향을 미쳤을 수 있으므로, 이에 대한 감사를 표현하는 것은 깊은 유대감을 형성하는 데 도움이 됩니다. 이처럼 선물을 받는 대상의 관계적 중요도를 파악하고 그에 맞는 진심을 담는 것이 중요합니다.

언제 선물을 보낼 것인가? 타이밍의 중요성입니다. 선물의 효과는 타이밍에 따라 크게 달라집니다. 너무 늦거나 너무 빨라도 선물의 의미가 퇴색되거나 오해를 살 수 있으므로, 적절한 시점을 포착하는 것이 중요합니다. 업무적으로 작은 도움을 받았거나, 고마운 일이 생겼을 때 '고마움의 표시'로 간단한 커피 쿠폰이나 음료 등을 즉시 전달하는 것이 좋습니다. "나중에 밥 한 번 살게"라는 말보다 즉각적인 작은 성의는 효과적으로 상대방에게 감사함을 전달합니다.

또한, 상대방이 힘든 일을 겪거나 스트레스를 받고 있을 때, 위로의 마음을 담아 작은 선물을 전달하는 것은 깊은 공감과 위로를 전달할 수 있습니다. 예를 들어, 야근이 잦은 시기에 비타민 음료를 건네거나, 개인적인 어려움을 겪고 있는 동료에게 따뜻한 차 한 잔을 선물하는 것은 당신의 세심한 배려를 보여주는 행동이 됩니다. 명절이나 연말연시 등 특별한 시즌은 평소 고마웠던 사람들에게 부담 없는 선물을 전달하기 좋은 시기입니다. 단, 너무 형식적인 것보다는 진심을 담아 선물을 고르는 것이 중요합니다. 마지막으로, 특별한 이유 없이 "그냥 생각나서요"라며 주는 선물은 상대방에게 예상치 못한 기쁨과 감동을 줄 수 있습니다. 이는 '뇌물'로 오해받을 염려가 가장 적고, 가장 큰 효과를 낼 수 있는 선물로, 당신의 순수한 마음을 전달하는 데 효과적입니다.

선물의 종류와 금액 그리고 센스와 부담 사이의 균형입니다. 선물은 상대방에게 부담을 주어서는 안 됩니다. 받는 사람이 '이걸 왜 주지?', '언제 갚아야 하지?'라는 생각을 하게 만든다면 실패한 선물입니다. 따라서 선물의 종류와 금액을 정할 때는 센스와 부담 사이의 균형을 이루는 것이 중요합니다. 상대방이 좋아하는 것, 필요로 하는 것을 미리 파악하여 센스 있는 선물을 고르는 것이 중요합니다. 평소 대화나 소셜 미디어를 통해 상대방의 취향을 유추하거나, 그들의 업무 공간에 필요한 물품이 무엇일지 고민해 보세요.

고가의 선물보다는 상대방이 부담 없이 사용할 수 있는 실용적인 선물이 좋습니다. 예를 들어, 커피 쿠폰, 간단한 간식 세트, 업무에 도움이 되는 문구류, 또는 작은 생활용품 등이 적합합니다. 이러한 선물들은 받는 사람에게 실용적인 만족감을 주면서도, 금액적인 부담을 주지 않아 관계를 편안하게 유지하는 데 도움이 됩니다. 중요한 것은 선물의 가격이 아니라, 선물을 고르고 전달하는 당신의 진심과 세심함이 담겨 있는가입니다.

선물은 직장 생활에서 당신의 품격과 센스를 보여줄 수 있는 중요한 수단입니다. '뇌물'이라는 오해를 받을까 두려워하지 말고, 진심과 배려를 담아 현명하게 선물을 활용한다면, 당신은 분명 더욱 건강하고 중요로운 비즈니스 관계를 만들어 갈 수 있을 것입니다. 적절한 시기에 적절한 대상에게 진심을 담아 건네는 작은 선물 하나가, 당신의 직장 생활을 훨씬 더 부드럽고 긍정적으로 만들 수 있다는 점을 기억하세요.

> **임원이 주목하는 핵심**
>
> ① 선물은 관계를 맺고 유지하는 윤활유입니다.
> ② 적절한 타이밍에 진심을 담아야 효과가 극대화됩니다.

줄서기, 현명하게 대처하라

직장 생활은 때로 정글과 같아서, 직장인이라면 한 번쯤 '줄을 잘 서야 성공한다'는 이야기를 들어봤을 것입니다. 물론 이 말은 때로는 부정적인 뉘앙스로 들릴 수 있습니다. 아부, 편 가르기, 혹은 단순히 실력보다는 인맥에 의존하는 것처럼 들릴 수 있기 때문입니다. 하지만 여기서 말하는 '줄서기'는 단순히 특정 상사에게 충성하는 것을 넘어, 변화하는 조직의 흐름을 읽고, 주요 의사결정권자들을 파악하며, 나의 역량과 가치를 효과적으로 연결하는 전략적인 관계 관리의 미학입니다. 이는 탁월한 '촉'과 '눈치'를 발휘하여 상황을 현명하게 판단하는 능력을 요구하며, 당신의 직장 생활을 더욱 풍요롭고 성공적으로 이끌어 줄 것입니다.

'줄서기'라는 단어 자체에 대한 거부감이 있을 수 있지만, 직장 생활의 현실을 직시할 필요가 있습니다. 모든 조직에는 권력의 흐름과 비공식적인 영향력이 존재합니다. 이를 무시하는 것은 비즈니스 전략을 수립할 때 시장 분석을 하지 않는 것과 다름없습니다. 조직 내에서 주요 프로젝트나 핵심 업무는 보통 영향력 있는 상사나 부서의 주도로 이루어지기 마련입니다. 이들과 좋은 관계를 맺고 그들의 신뢰를 얻는다면, 당신은 더 많은 기회를 얻고 중요한 경험을 쌓을 수 있으며, 이는 개인의 성장과 커리어 발전에 직접적인 영향을 미칩니다.

또한, 상사나 동료들의 지지와 협력이 없으면 아무리 좋은 아이디어도 실행하기 어렵습니다. 특히 중요한 의사 결정 과정에서 영향력 있는 사람들의 지지를 받는 것은 업무 추진력을 얻는 데 필수적입니다. 직장 생활에는 예측 불가능한 변수가 많습니다. 팀 개편, 사업부 통폐합, 갑작스러운 상사의 교체 등 혼란스러운 상황 속에서 당신을 지지하고 보호해 줄 수 있는 든든한 아군이 있다면 위기를 넘기는 데 큰 도움이 됩니다. 현명한 관계 관리는 당신 스스로가 조직 내에서 영향력을 확대하고, '내가 곧 줄이 되는' 위치로 성장하는 발판이 될 수 있습니다. 이는 단순한 아부를 넘어, 당신의 전문성과 인간적 매력을 바탕으로 한 전략적 관계 형성의 결과입니다. 결론적으로, '줄서기'는 단순히 편을 가르는 행위가 아니라, 조직의 작동 원리를 이해하고 당신의 가치를 극대화하기 위한 현명한 관계 관리의 일환이라고 볼 수 있습니다.

현명한 '줄서기'를 위해서는 주변 상황을 정확하게 파악하는 통찰력이 필수적입니다. 겉으로 보이는 직급이나 자리만으로 영향력을 판단해서는 안 됩니다. 누가 실제적인 의사 결정권을 가지고 있고, 누가 비공식적인 네트워크의 중심에 있으며, 누가 조직의 미래 방향성에 큰 영향을 미치는지 '촉'으로 파악해야 합니다. 때로는 공식적인 직책은 낮지만, 팀원들의 신뢰가 두텁거나 특정 분야에서 독보적인 전문성을 가진 동료나 선배가 있습니다. 이들과의 관계는 당신의 업무에 실질적인 도움을 줄 수 있으며, 이들이 가진 비공식적인 영향력은 생각보다 강력할 수 있습니다.

회사의 전략 방향, 주요 프로젝트의 진행 상황, 특정 임원들의 교체 주기 등을 관심 있게 지켜보세요. 이러한 정보들을 종합적으로 분석함으로써 누가 앞으로 조직의 핵심 인물이 될지 예측하고, 선제적으로 관계를 구축할 수 있습니다. 예를 들어, 특정 사업부가 빠르게 성장하고 있다면 그곳의 주요 인물들과 교류를 늘리는 것이 현명한 전략이 될 것입니다. 더 나아가, 회사의 비전, CEO의 주요 연설, 전략 발표 등을 통해 최고 경영진이 어떤 분야에 관심을 가지고 있는지 파악하는 것도 중요합니다. 그들의 관심사에 맞춰 당신의 역량을 개발하고 어필하는 것도 현명한 '줄서기'의 일환입니다. 당신의 강점과 회사의 전략적 목표를 연결함으로써, 자연스럽게 조직의 핵심 흐름에 동참하고 기여하는 인재로 인정받을 수 있습니다.

'줄서기'라는 표현이 주는 거부감은 이해합니다. 하지만 냉정하게 말해, 직장 생활은 결국 사람과 사람의 관계 속에서 돌아가는 복잡한 유기체입니다. 여기서 말하는 '줄서기'는 단순히 아첨하거나 편을 가르는 행위가 아니라, 당신의 '촉'과 '눈치'를 발휘하여 조직의 흐름을 읽고, 주요 인물들과 현명하게 관계를 맺어, 당신의 가치를 극대화하고 성공적인 커리어를 만들어가는 전략적인 관계 관리의 미학입니다. 이는 당신이 조직 내에서 단순히 주어진 업무만 처리하는 것을 넘어, 적극적으로 기회를 포착하고, 자신의 영향력을 확장하며, 궁극적으로는 자신만의 '줄'을 만들어가는 과정이라고 할 수 있습니다. 이러한 전략적 접근은 당신의 직장 생활을 더욱 안정적이고 예측 가능하게 만들며, 위기 상황에서도 당신을 보호해 줄 든든한 지원군을 확보하는 데 기여할 것입니다. 당신의 능력과 노력이 빛을 발하기 위해서는, 그것을 알아봐 주고 지지해 줄 수 있는 사람들과의 현명한 관계 설정이 필수적임을 기억해야 합니다.

> **임원이 주목하는 핵심**
>
> ① 줄서기는 조직의 흐름을 파악하고 관계를 형성하는 전략적 관리입니다.
> ② 관계 관리는 더 많은 기회와 든든한 아군을 만드는 데 필수적입니다.
> ③ 실질적 영향력을 가진 인물과 회사의 전략적 흐름에 맞춰 당신의 역량을 연결하세요.

8

명함은 네트워크 자산

　직장에 첫 출근하면 대부분 나만의 명함을 받게 됩니다. 회사 로고가 새겨지고 이름, 부서, 직책, 연락처 등이 기재된, 나를 대표하는 작은 카드죠. 하지만 안타깝게도 사원급 직원들은 이 명함의 진정한 가치를 모르고 책상 서랍에 넣어두기만 합니다. 명함은 단순히 종이 한 장이 아니라, 나를 알리는 가장 강력한 수단이자 비즈니스의 중요한 매개체이며, 궁극적으로 나의 인적 네트워크 자산이 됩니다. 명함을 현명하게 관리하고 활용하는 것이 어떻게 여러분의 사회생활에 좋은 인연들을 만들고, 커리어를 발전시키는 기회가 되는지 함께 알아봅시다.

　우리는 '관계' 속에서 살아갑니다. 직장 생활도 마찬가지죠. '누구를 아느냐'가 때로는 '무엇을 아느냐'만큼이나 중요해질 수 있습니다. 명함은 바로 이 '관계의 시작점'을 표시하는 중요한 도구입니다. 명함은 상대방에게 나를 가장 처음 소개하는 '얼굴'과 같습니다. 깔끔하고 잘 관리된 명함은 당신이 얼마나 프로페셔널하고 섬세한 사람인지를 보여주며, 이는 곧 당신의 개인 브랜드로 이어집니다. 반면 구겨지거나 훼손된 명함은 당신의 이미지를 손상시킬 수 있습니다.

  서로 아는 사이에서는 명함이 필요 없을 수도 있지만, 처음 만나는 사람에게 명함은 나를 알리고 상대방의 정보를 얻을 수 있는 가장 기본적이고 중요한 수단입니다. 명함을 주고받는 행위 자체가 비즈니스 관계를 시작하는 하나의 의례가 되기도 합니다. 오늘 만난 사람이 당장 나의 업무에 직접적인 도움이 되지 않을 수도 있습니다. 그러나 언제 어떤 상황에서 그 인연이 예상치 못한 새로운 기회로 연결될지 아무도 모릅니다. 이직, 새로운 프로젝트 등 미래의 중요한 순간에 명함 한 장이 귀한 연결고리가 될 수 있습니다.

  명함에는 상대방의 핵심 정보가 담겨 있습니다. 이 정보들은 필요할 때 언제든 상대방에게 연락할 수 있는 문을 열어줍니다. 또한, 명함은 당시의 만남과 대화, 그리고 그 사람에 대한 기억을 다시 떠올리게 하는 촉매제 역할을 하여 다음 소통에 활용할 수 있게 합니다. 결국 명함은 단순한 종잇조각이 아니라, 당신이 관계를 맺은 모든 사람들과의 '연결 가능성'을 담고 있는 살아있는 인적 네트워크의 증표이자, 당신의 미래를 위한 투자 자산임을 명심해야 합니다.

  첫인상을 좌우하는 명함 예절의 중요성입니다. 명함을 주고받는 순간은 당신의 첫인상을 결정짓는 매우 중요한 장면입니다. 기본적인 명함 예절을 숙지하고 실천하는 것이 프로페셔널함을 보여주는 첫걸음입니다. 자신의 명함은 항상 명함집에 깔끔하게 보관해야 합니다. 명함을 건네기 직전에 주머니를 뒤적이거나, 구겨진 명함을 건네는 것은 자신을 소홀히 관리하는 사람으로 비칠 수 있습니다. 상대방을 만나기 전에 미리 명함집을 꺼내 명함을 건넬 준비를 하는 것이 예의입니다.

처음 만나는 상대에게는 먼저 가벼운 악수나 목례로 인사를 건넨 후 명함을 내미는 것이 예의입니다. 명함을 건넬 때는 반드시 두 손으로 전달하는 것이 중요합니다. 명함이 상대방 쪽으로 향하게 건네고, 약간 낮은 자세로 허리를 숙여 건네면 더 정중한 인상을 줍니다. 이는 상대방에 대한 당신의 존중을 시각적으로 보여주는 중요한 행동입니다.

상대방의 명함을 받으면 바로 명함 지갑에 넣지 말고, 앉은 자리에서 잠시 명함을 보면서 상대방의 이름과 직책을 확인하고 가볍게 읊조리세요. 이는 당신이 상대방을 존중하고, 명함을 중요하게 생각한다는 인상을 줍니다. 회의를 할 때는 받은 명함을 테이블 위에 직책 순서대로 가지런히 놓고 회의에 임하는 것이 상대방에 대한 예의를 다하는 현명한 방법입니다.

명함을 건네받았을 때, 상대방의 명함 내용을 활용하여 질문을 한두 개 던져보세요. 이는 상대방에 대한 당신의 관심과 친근함을 표현하는 좋은 방법입니다. 예를 들어, 성이 같으면 "종 씨네요!" 하고 반가움을 표하거나, 이름이 특이하면 이름의 뜻을 물어볼 수 있습니다. 부서의 역할이나, 회사 로고의 의미 등을 물어보면서 자연스럽게 대화를 이어갈 수 있습니다. 이러한 작은 시도는 딱딱할 수 있는 첫 만남의 분위기를 부드럽게 만들고, 상대방과의 긍정적인 관계 형성에 기여합니다.

가장 중요한 것은 명함을 받으면 휴대폰에 바로 상대방의 이름, 회사명, 직책, 전화번호를 등록하는 습관을 들이는 것입니다. 명함 관리를 소홀히 하여 상대방이 전화했을 때 "누구신지요?"라고 되묻는 것은 매우 실망스러운 상황을 초래합니다. 상대방은 당신이 자신을 중요하게 생각하지 않는다고 느끼고, 관계가 단절될 수 있습니다. 이러한 실수를 피하기 위해서라도 받은 명함은 즉시 등록하고, 만남에서 나눈 대화의 핵심 내용이나 상대방의 특징 등을 함께 메모해 두면 훗날 다시 연락할 때 큰 도움이 될 것입니다.

임원이 주목하는 핵심

① 명함은 나의 얼굴이자 미래의 인연을 잇는 자산입니다.
② 명함 교환 예절은 첫인상을 결정짓는 중요한 요소입니다.
③ 명함 정보를 관리하고 메모하여 관계를 확장하세요.

경조사 예절,
당신의 품격이다

대입보다 어렵다는 취업 문을 뚫고 직장 생활을 시작했지만, 막상 현실은 그리 쉽지만은 않을 겁니다. 특히 생애 첫 직장을 가진 신입사원이라면 더욱 어렵게 느껴질 수 있죠. 내게 주어진 업무 외에도 상사, 동료와의 관계를 중요시해야 하고, 그에 따라 각종 경조사까지 챙겨야 하니 말입니다. 신입뿐만 아니라 이미 직장 생활을 하고 있는 분들도 직장 동료의 경조사가 있을 경우 가장 고민이 되는 부분 중 하나가 바로 '경조사비는 얼마를 내야 하나?'일 겁니다. 너무 적지도, 너무 부담스럽지도 않게 잘 챙겨야 서로의 관계를 돈독하게 만들 수 있을 테니까요.

경조사는 단순히 돈을 내는 행위를 넘어섭니다. 이는 당신이 조직의 일원으로서 동료의 기쁨과 슬픔을 함께 나누는 '공감 능력'과 '사회성'을 보여주는 중요한 기회입니다. 특히 20대, 30대 직장인들에게 경조사 예절은 다음과 같은 이유로 중요합니다.

직장은 성과를 내는 곳이지만, 결국 사람이 모여 일하는 곳입니다. 경조사를 통해 당신은 동료의 삶에 진심으로 관심을 기울이고, 그들의 중요한 순간에 함께 함으로써 '인간적인 신뢰'를 쌓을 수 있습니다. 이는 딱딱한 업무 관계를 넘어 진정한 동료애를 형성하는 바탕이 됩니다.

한국 사회의 직장에서는 경조사가 '품앗이' 성격을 가집니다. 당신의 경조사에 동료가 참석했다면, 당신 역시 그의 경조사에 참석하여 얼굴을 비추고 축하 또는 위로를 전하는 것이 당연한 도리입니다. 이러한 상호작용은 원만한 인간관계를 유지하는 핵심입니다.

오늘 당신이 진심으로 마음을 쓴 동료는 언젠가 당신에게 든든한 조력자가 될 수 있습니다. 경조사 참여는 장기적으로 당신의 인적 네트워크를 확장하고 강화하는 중요한 투자가 됩니다.

사내외 경조사 예절(장례식장 편)

장례식장 조문은 여러분의 사회성과 배려심이 가장 극명하게 드러나는 자리입니다. 유족들의 슬픔을 함께 나누는 엄숙하고 무거운 자리인 만큼, 기본적인 예절을 숙지하고 가는 것이 중요합니다. 자칫 잘못하면 '기본도 안 된 신입'이라는 소리를 듣거나, 본의 아니게 실례를 범할 수도 있기 때문이죠. 20대, 30대에게 장례식장 예절이 왜 중요한지, 그리고 어떻게 현명하게 조문해야 하는지 함께 알아봅시다.

장례식은 고인을 추모하는 엄숙한 자리이므로, 화려한 색상의 옷이나 진한 향수는 피해야 합니다. 당신의 옷차림 자체가 존경과 애도의 마음을 담고 있음을 보여줘야 합니다. 남성은 검은색 양복이 가장 일반적입니다. 검은색 양복이 없다면 짙은 남색이나 회색 등 어두운 계열의 단정한 정장을 선택하세요. 검은색 양말을 신고, 넥타이도 어두운 색상으로 착용하는 것이 좋습니다. 여성은 검은색 계열의 단정한 치마나 바지 정장이 적합합니다. 흰색이나 검은색 블라우스를 안에 입고, 되도록 치마를 착용하는 것이 일반적이지만, 바지 정장도 무방합니다. 과도한 노출은 피하고, 액세서리도 최소화하는 것이 예의입니다.

주의할 점은 화려한 패턴이나 밝은 색상의 의상, 캐주얼한 복장, 운동화 등은 피해야 합니다. 진한 향수는 다른 조문객에게 불쾌감을 줄 수 있으니 삼가세요. 장례식장에 도착하면 문밖에서 외투나 모자 등을 미리 벗어두고 경건한 마음으로 들어서는 것이 기본입니다. 상사나 동료들과 함께 장례식장을 갈 경우, 미리 도착하여 빈소 위치를 파악해 두는 센스가 중요합니다. 회사 명의로 조화를 보냈을 경우에는 조화가 잘 도착했는지 확인하고 상사에게 알려주는 것도 좋은 인상을 줍니다.

문상 절차(일반식/불교식/유교식)

분향(향을 피울 때)은 향나무를 깎은 나무 향일 경우 오른손으로 향을 집어 향로 위에 놓습니다. 선향(막대 향)일 경우 하나나 둘을 집어 촛불에 불을 붙인 다음, 손가락으로 가만히 잡아서 끄거나 왼손으로 가볍게 흔들어 끄세요. 절대 입으로 불어서 끄면 안 됩니다. 다음으로 두 손으로 공손히 향로에 꽂습니다. 선향은 하나로 충분하지만, 여러 개일 경우 반드시 하나씩 꽂아야 합니다. (※향나무의 가루 향으로 만들어진 향은 오른손의 엄지와 검지로 향을 집어서 오른손을 왼손으로 받치고 향로에 공손히 넣습니다.)

헌화(꽃을 올릴 때)는 손으로 꽃줄기 하단을 가볍게 잡고 왼 손바닥으로 오른손을 받쳐 들어 두 손으로 공손히 꽃봉오리가 영정 쪽으로 향하게 하여 제단 위에 헌화한 뒤 잠깐 묵념 또는 기도를 합니다. 영좌(영정)에 절하기는 영좌 앞에 일어서서 잠깐 묵념하거나 두 번 절합니다. (남자는 재배, 여자는 사배가 전통이지만 최근에는 남녀 공통으로 재배로 바뀌는 추세입니다.) 상주와 맞절은 영좌에서 물러나 상주와 맞절을 합니다. 종교에 따라 절을 하지 않는 경우는 정중히 고개를 숙여 예를 표해도 됩니다. 위로의 말은 평소 안면이 있는 상주에게 문상 인사말을 건넬 때는 낮은 목소리로 짧게 위로의 말을 하세요. "삼가 조의를 표합니다", "얼마나 슬프십니까" 정도가 좋습니다. 고인과 관련된 질문을 많이 하는 것은 좋지 않습니다. 퇴장은 문상이 끝나고 물러 나올 때에는 두세 걸음 뒤로 물러난 뒤, 몸을 돌려 나오는 것이 예의입니다.

문상 절차(기독교/천주교식)

빈소에 들어서서 상주와 가벼운 목례를 합니다. 준비된 국화꽃을 들고 고인 영정 앞에 헌화한 후 뒤로 한 걸음 물러서서 15도 각도로 고개 숙여 잠시 동안 묵념을 드립니다.(천주교식의 경우 헌화 후 향을 올리는 절차도 포함될 수 있습니다. 이때도 향은 흔들어 끄고 입으로 불지 않습니다.) 상주와 맞절을 하고(혹은 고개를 숙여 예를 표하고) 상중 위로의 말씀을 드립니다.

다음은 장례식장에서의 몇 가지 행동은 절대 피해야 할 금기 사항입니다.
가장 기본적인 예의입니다. 큰 소리로 웃거나 떠드는 행위는 유족들에게 큰 실례가 됩니다. 사적인 대화는 가급적 자제하고, 필요한 경우 작은 목소리로 짧게 나누세요. 식사를 하더라도 술잔을 들고 건배를 하는 행위는 절대 해서는 안 됩니다. 상주에게 악수를 청하기보다 가볍게 목례를 하거나 고개를 숙여 인사하는 것이 좋습니다. 유족에게 고인의 사망 경위나 사인을 상세하게 묻는 것은 실례입니다. 진심 어린 위로에 집중하세요. 조문 중이거나 식사 중 고인에 대한 부정적인 이야기나 뒷담화를 하는 것은 최악의 행동입니다.

장례식장의 부의금은 친한 정도에 따라 금액을 달리하면 됩니다. 앞서 언급했듯이 5만 원 또는 10만 원 단위가 일반적입니다. 부의금 봉투에는 '부의(賻儀)', '근조(謹弔)', '조의(弔儀)', '추모(追慕)' 등의 한자를 표기합니다. 봉투 뒷면에는 왼쪽 하단에 자신의 소속(회사명, 부서명)과 이름을 세로로 적습니다. 신입사원이나 아직 관계가 깊지 않은 동료의 경우, 직장 동료들과 합의하여 2~3만 원씩 모아 회사명이나 부서명으로 함께 지불하는 것도 좋은 방법입니다. 직장 동료가 여러분의 경조사에 다녀갔다면, 반드시 당신도 그의 경조사에 참석하여 얼굴도장을 찍고 위로를 전해야 합니다. 부득이 방문하기 어려울 경우, 미리 양해를 구하고 경조사비를 다른 인편을 통해 전하는 것이 중요합니다.

사내외 경조사 예절(결혼식장 편)

결혼식은 인생에서 가장 특별하고 소중한 순간입니다. 신랑 신부는 물론 그 가족들에게도 평생 기억될 중요한 날이죠. 하객으로서 여러분의 태도는 이들의 행복을 더욱 빛내주거나, 반대로 불쾌감을 줄 수도 있습니다. 결혼식 예절은 신랑 신부의 새로운 시작을 진심으로 축복하고 존중한다는 의미를 담고 있습니다. 당신의 격식 있는 모습은 이들의 기쁨을 배가시켜 줄 것이며, 직장 동료들과 상사에게 당신의 품격과 센스를 보여주는 기회가 됩니다. '예의 바르고 배려심 있는 사람'이라는 평판은 업무 능력만큼이나 중요합니다. 또한, 직장 동료의 결혼식은 단순한 사적인 행사가 아니라, 직장 내외의 많은 사람들을 만날 수 있는 사회생활의 연장선이므로, 깔끔한 매너는 새로운 인연을 만들거나 기존 관계를 강화하는 데 도움이 됩니다.

결혼식 복장은 신랑 신부를 돋보이게 하는 센스가 필요합니다. 결혼식 복장은 신랑 신부를 돋보이게 하는 방향으로 선택해야 합니다. 이는 가장 기본적인 예의이자 배려입니다. 신랑 신부가 주인공인 만큼, 블랙과 화이트 의상은 피하는 것이 좋습니다. 특히 순백의 웨딩드레스를 입는 신부와 겹칠 수 있는 순백색 드레스나 정장은 절대 피해야 합니다. 블랙 역시 장례식 복장과 겹쳐 보일 수 있으니, 완전히 검은색 정장보다는 차라리 짙은 회색이나 남색 계열을 선택하는 것이 낫습니다.

너무 과도하게 화려하거나 노출이 심한 복장은 삼가야 합니다. 단정하고 깔끔한 정장이나 세미 정장 차림이 가장 적합합니다. 남성의 경우 정장에 넥타이를 착용하고, 여성의 경우 원피스나 스커트, 혹은 단정한 슬랙스 정장도 좋습니다. 캐주얼한 복장이나 운동화 등은 예식의 품격을 떨어뜨릴 수 있으므로 피하는 것이 바람직합니다. 당신의 복장은 신랑 신부에 대한 존중과 결혼식이라는 특별한 자리에 대한 예의를 보여주는 중요한 요소임을 기억하세요.

축의금은 관계와 상황을 고려하여 현명하게 결정하면 됩니다. 축의금은 결혼식 날 식사 비용보다 조금 더 내는 것이 통상적인 기준입니다. 하지만 무작정 많이 내기보다는, 상대방과의 관계와 당신의 상황을 고려하여 현명하게 결정해야 합니다. 일반적으로 가까운 직장 동료나 직속 상사에게는 10만 원이 적당하다고 여겨집니다. 평소 자주 소통하고 업무적으로 도움을 주고받는 친밀한 동료나, 직접적으로 나를 이끌어주는 상사에게는 이 정도 금액이 일반적인 선에서 감사와 축하의 마음을 전달하기에 적절합니다.

축의금은 단순한 돈이 아니라, 당신이 상대방의 새로운 시작을 얼마나 축복하고 지지하는지를 보여주는 지표가 될 수 있습니다. 따라서 진심을 담아 성의를 표하되, 당신에게 부담이 되지 않는 선에서 정하는 것이 중요합니다. 너무 적거나 너무 많아도 상대방에게 부담을 줄 수 있으므로, 적절한 균형을 찾는 지혜가 필요합니다.

임원이 주목하는 핵심

① 경조사는 동료와 공감하며 신뢰를 쌓는 기회입니다.
② 경조사 참여는 품앗이 문화를 통해 직장 내 원만한 인간 관계를 유지하는 핵심입니다.

상사의 농담,
신중하게 받아쳐라

　직장인이라면 회사 생활에서 상사의 농담에 난감했던 경험이 한두 번쯤 있을 겁니다. '어색한 분위기를 깨려고 하시는 건가?', '웃어야 하나, 말아야 하나?', '이게 혹시 나를 떠보는 건가?' 등 머릿속은 복잡해지죠. 특히 요즘처럼 사회적 감수성이 중요해진 시대에는 더욱 그렇습니다. 상사의 농담에 무작정 낄낄대다가는 자칫 '지뢰'를 밟고, 당신의 품격은 물론 평판까지 망가뜨릴 수 있습니다. 직장인의 품격은 사소한 디테일에서 드러나므로, 상사의 농담을 현명하게 받아치는 능력은 당신을 '프로페셔널'로 보이게 하는 중요한 매너이자 에티켓입니다.

　상사의 농담은 단순한 농담이 아닐 수 있습니다. 그 안에는 때때로 숨겨진 의도, 당신의 반응을 떠보려는 심리, 혹은 무심코 던진 '실수'가 담겨 있을 수 있습니다. 이런 상황에서 생각 없이 반응하는 것은 큰 위험을 초래할 수 있습니다. 예를 들어, 상사의 농담이 성희롱, 인종차별, 정치적 편향, 혹은 특정 개인을 비하하는 내용이라면 어설프게 동조하는 것은 당신을 공범으로 만들 수 있습니다. 시대착오적이거나 부적절한 농담에 무의식적으로 웃거나 맞장구치면, 당신 역시 그러한 가치관을 가진 사람으로 오해받을 수 있습니다. 이는 개인의 품격 하락은 물론, 추후 윤리적 문제 발생 시 당신에게 불리하게 작용할 수 있습니다.

직장은 감정을 공유하는 친목 단체가 아닙니다. 때로는 상사의 농담에 유연하게 대처하는 것이 필요하지만, 그것이 당신의 프로페셔널한 이미지를 훼손해서는 안 됩니다. 상황과 맥락을 이해하고 적절하게 대응하는 능력은 당신이 얼마나 성숙하고 판단력이 뛰어난 사람인지를 보여줍니다. 직장 생활에서 '눈치'와 '센스'는 핵심 역량입니다. 상사의 농담에 즉각적으로 반응하기보다 한 번 더 생각하고 적절하게 대응하는 것은 당신의 뛰어난 상황 판단 능력을 보여줍니다. 이는 당신이 단순한 '말 잘 듣는 사람'이 아니라, '영리하게 사고하는 사람'이라는 인상을 심어줍니다. 결국 상사의 농담을 '되짚어 보는' 것은 단순히 위험을 피하는 것을 넘어, 당신의 프로페셔널리즘을 지키고, 현명한 판단력을 보여주며, 스스로의 가치관을 존중하는 중요한 직장 생활의 기술입니다. 애매하거나 부적절한 농담, 특히 성희롱, 편견을 담은 농담을 상사가 할 경우에는 몇 가지 현명한 대처법이 있습니다.

첫째, 억지로 웃지 않고 침묵으로 대응하세요. 가볍게 미소 짓거나 무표정으로 침묵하는 것은 당신이 그 농담에 동조하지 않는다는 것을 보여주는 가장 강력하고 확실한 비언어적 메시지입니다. 어설픈 미소나 어정쩡한 웃음은 오히려 상대방에게 '불쾌하지만 괜찮다'는 잘못된 신호를 주어 오해를 키울 수 있습니다. 단호하지만 무례하지 않은 태도를 유지하는 것이 중요하며, 이는 당신의 프로페셔널한 경계를 분명히 합니다. 이 방법은 직접적인 마찰 없이도 당신의 가치관과 품격을 지키는 효과적인 방패가 됩니다.

둘째, 자연스러운 화제 전환을 시도하세요. 상사의 부적절한 농담을 못 들은 척 다른 주제로 화제를 전환하는 것은 매우 영리한 방법입니다. 예를 들어, "아, 그런데 오늘 회의 안건은…"과 같이 업무 이야기로 자연스럽게 넘어가는 것이 좋습니다. 이는 부적절한 농담에 대한 직접적인 언급 없이도 상황을 빠르게 정리하고 분위기를 전환하는 효과적인 방법입니다. 상대방도 당신이 그 농담을 불편해한다는 것을 눈치챌 수 있으며, 이후에는 비슷한 농담을 자제하게 될 가능성이 큽니다. 이러한 간접적인 대처는 관계의 큰 마찰 없이 당신의 선을 지키는 데 도움을 줄 것입니다.

셋째, 필요하다면 단호하게 거절 의사를 표하세요. 화제 전환으로도 상황이 해결되지 않고, 같은 종류의 농담이 반복되거나 정도가 심하다면, 더 이상 피하기만 할 수는 없습니다. 이럴 때는 단호하지만 예의를 갖춘 태도로 거절 의사를 표현하는 것이 중요합니다. "팀장님, 그 농담은 제가 듣기에 좀 불편합니다", "죄송하지만, 그런 종류의 이야기는 업무 외적으로는 나누고 싶지 않습니다"와 같이 당신의 감정을 솔직하고 차분하게 전달하세요. 이러한 직접적인 대처는 처음에는 부담스러울 수 있지만, 장기적으로는 상대방이 당신을 존중하게 만들고 불필요한 상황을 근본적으로 차단하는 가장 확실한 방법입니다.

임원이 주목하는 핵심

① 상사의 농담에 숨은 의도를 잘 파악해야 됩니다.
② 부적절한 농담에는 예의를 갖춰 대응할 필요가 있습니다.

상사와의 갈등, 현명하게 해결하는 법

직장 생활에서 상사와의 갈등은 피하기 어려운 현실입니다. 특히 상사가 인사고과 권한을 가지고 있다면 직원 입장에서는 더욱 난감하고, 업무 능률 저하로 이어져 악순환에 빠지기 쉽습니다. 하지만 지혜롭게 대처한다면 충분히 해결할 수 있습니다. 중요한 것은 갈등을 피하지 않고 직면하되, 감정적이 아닌 이성적으로 접근하는 것입니다. 갈등 상황에서는 감정이 앞서기 쉽지만, 문제 해결의 핵심은 객관적인 사실에 있습니다.

갈등의 본질을 파악하고 객관적으로 분석하기입니다. 갈등 상황이 발생했을 때 가장 먼저 해야 할 일은 감정을 배제하고 갈등의 원인과 상황을 객관적으로 기록하는 것입니다. 단순히 '상사가 내 아이디어를 무시했다'와 같은 주관적인 감정 표현보다는, 언제, 어디서, 누가, 무엇을, 어떻게, 왜 했는지에 해당하는 육하원칙에 따라 구체적인 사실을 정리해야 합니다. 예를 들어, "상사가 ○○ 프로젝트 아이디어 회의에서 내가 제시한 A안 대신 B안을 선택하고, 그 이유에 대한 충분한 설명을 해주지 않았다"와 같이 명확하게 기록하는 것이 중요합니다. 이처럼 구체적인 사실을 기반으로 정리하면 불필요한 오해를 줄이고 문제의 본질에 집중하는 데 도움이 됩니다. 또한, 이는 이후 상사와의 대화나 제3자와의 상담 시에도 당신의 주장을 뒷받침하는 중요한 근거 자료가 됩니다. 감정적인 비난이 아닌, 객관적인 사실을 제시함으로써 대화가 생산적인 방향으로 흘러갈 수 있도록 유도하는 것이 핵심입니다.

다음으로, 상사에게 불만을 제기하기 전에 자신의 행동이나 태도에 문제가 없었는지 먼저 점검해 볼 필요가 있습니다. 혹시 상사의 지시를 명확히 이해하지 못했거나, 업무 처리 과정에서 실수가 있었던 것은 아닌지 되짚어 보세요. 때로는 우리의 선입견이나 오해로 인해 갈등이 발생하기도 합니다. 상사의 의도를 잘못 해석했거나, 자신의 업무 방식이 상사의 기대와 달랐을 수도 있습니다. 스스로에게 솔직해지는 과정은 문제 해결의 실마리를 찾는 데 큰 도움이 됩니다. 자신의 부족한 점을 인정하고 개선하려는 태도는 상사에게 좋은 인상을 줄 뿐만 아니라, 당신이 한층 더 성장할 수 있는 계기가 됩니다. 이 과정에서 스스로 깨달은 바가 있다면, 갈등 해결 과정에서 이를 언급하며 당신의 성숙한 자세를 보여 줄 수도 있습니다.

갈등이 발생했을 때 가장 좋지 않은 방법은 침묵하거나 감정적으로 폭발하는 것입니다. 침묵은 오해를 증폭시키고 갈등을 수면 아래로 숨겨 결국 더 큰 문제로 키울 수 있습니다. 반대로 감정적인 대응은 상황을 더욱 악화시키고 관계를 돌이킬 수 없게 만들 수 있습니다. 따라서 상사에게 직접 대화할 기회를 정중하게 요청하고, 차분한 분위기에서 솔직하게 자신의 어려움을 이야기하는 것이 중요합니다. 대화를 요청할 때는 "잠시 업무와 관련하여 드릴 말씀이 있습니다", "팀장님께 조언을 구하고 싶은 부분이 있습니다"와 같이 긍정적이고 개방적인 태도를 보이는 것이 좋습니다.

  대화 시에는 비난이나 불평보다는 현재 겪고 있는 어려움과 그로 인해 업무에 어떤 영향을 미치는지를 구체적으로 설명하세요. 예를 들어, "저에게 화만 내시는 것 같아요"와 같은 감정적인 표현보다는 "최근 제가 ○○ 업무를 처리할 때 팀장님의 피드백을 어떻게 받아들여야 할지 혼란스러워서 업무 진행에 어려움을 겪고 있습니다"와 같이 자신의 감정보다는 상황과 그로 인한 업무적 영향에 초점을 맞춰 이야기하는 것이 효과적입니다. 이는 상사에게 당신이 감정적이 아니라, 문제 해결에 집중하고 있음을 보여줍니다. 또한, "제가 어떤 부분을 개선하면 팀장님과 더 잘 협력할 수 있을까요?", "이런 상황에서는 제가 어떻게 행동하는 것이 좋을지 조언 해주시면 감사하겠습니다"와 같이 문제를 제기하는 데서 그치지 않고, 상사와 함께 해결책을 찾는 노력을 보여주는 것이 중요합니다. 상사의 의견을 구하고 함께 방법을 찾아가는 모습을 보여주는 것은 상사에게 '이 직원이 문제를 해결하려는 의지가 있구나'라는 긍정적인 인상을 심어줄 수 있습니다. 이러한 태도는 상사로 하여금 당신의 고충을 이해하고 해결책을 함께 모색하는 데 적극적으로 나서도록 유도할 것입니다.

  만약 직접적인 대화로 해결이 어렵거나 갈등이 심화되어 업무에 심각한 지장을 초래하는 경우에는 중립적인 위치에 있는 제3자의 도움을 받는 것도 고려해 볼 수 있습니다. 이는 인사팀, 다른 팀의 리더, 혹은 당신의 멘토 등 상황에 따라 가장 적절한 인물이 될 수 있습니다. 하지만 이 방법은 매우 신중하게 접근해야 하며, 관계를 더욱 악화시키거나 불필요한 오해를 불러일으킬 수 있으므로 최후의 수단으로 활용하는 것이 좋습니다. 제3자의 개입을 요청하기 전에는 반드시 상황의 심각성을 면밀히 판단하고, 그로 인해 발생할 수 있는 모든 결과를 충분히 고려해야 합니다. 가능하면 직접적인 대화와 문제 해결 노력을 통해 갈등을 해결하는 것이 가장 바람직합니다.

임원이 주목하는 핵심

① 갈등 발생 시 감정보다는 객관적인 사실로 대응하세요.
② 상사와 직접 대화할 때는 비난 대신 업무적 어려움을 구체적으로 설명하며 해결책을 함께 모색해야 합니다.
③ 직접 해결이 어렵다면 제3자 도움을 신중하게 고려하고, 갈등을 성장의 기회로 삼아야 합니다.

회사 돈, 내 돈처럼 아껴라

새내기 직장인에게 '회삿돈을 내 돈처럼 아껴라'는 말은 단순히 비용 절감을 넘어, 직장 내 신뢰와 평판을 쌓는 중요한 기술입니다. '회삿돈인데 뭐 어때?'라는 안일한 생각은 결국 당신의 직업윤리와 책임감에 대한 의심을 불러올 수 있습니다. 당신이 제출하는 영수증과 결재 요청서 하나하나는 당신의 성실성과 정직성을 보여주는 증거입니다.

투명하고 윤리적인 비용 처리는 당신이 얼마나 신뢰할 수 있는 사람인지 명확히 보여줍니다. 이는 상사와 동료들에게 '믿을 수 있는 사람'이라는 인상을 심어주며, 장기적으로 당신의 리더십 잠재력을 평가하는 중요한 기준이 됩니다. 아무도 보지 않는 곳에서도 원칙을 지키는 태도는 당신의 윤리 의식을 증명하는 기회가 됩니다.

또한, 회사 방침에 맞춰 비용을 처리하는 것은 당신이 조직의 가치를 이해하고 있음을 보여줍니다. 이는 당신의 조직 적응력을 높이고, 상사에게 당신이 회사의 목표 달성에 기여하려는 책임감 있는 직원이라는 인상을 줍니다. 이러한 긍정적인 인식은 당신이 핵심 프로젝트에 참여하거나 더 큰 기회를 얻는 데 긍정적인 영향을 미칠 수 있습니다. 그렇다면 구체적으로 어떻게 '내 돈 아끼듯 회삿돈도 아끼는' 마인드를 실천하고, 현명하게 비용을 처리할 수 있을까요? 몇 가지 실질적인 지침을 통해 당신의 비용 처리 습관을 개선하고, 프로페셔널한 모습을 보여줄 수 있습니다.

첫째, 회사의 비용 처리 규정을 완벽하게 숙지해야 합니다. 모든 회사에는 비용 처리와 관련된 명확한 규정과 지침이 있습니다. 어떤 항목이 비용으로 인정되는지, 증빙 서류는 무엇이 필요한지, 지출 한도액은 얼마인지 등을 미리 파악하고 있어야 합니다. 애매한 부분이 있다면 망설이지 말고 담당 부서(예: 회계팀, 총무팀)에 문의하여 정확한 정보를 얻어야 합니다. '몰라서 그랬다'는 변명은 통하지 않으며, 오히려 당신의 무능력이나 부주의함을 보여주는 결과가 될 수 있습니다. 규정을 정확히 아는 것은 실수 자체를 예방할 수 있을 뿐만 아니라, 당신이 얼마나 꼼꼼하고 책임감 있는 사람인지를 보여주는 증거가 됩니다. 새로운 규정이 생기거나 기존 규정이 변경될 때마다 이를 신속하게 확인하고 반영하는 태도 역시 중요합니다.

둘째, 모든 비용 처리 시 필요한 증빙 서류를 철저히 보관해야 합니다. 영수증은 물론, 출장 보고서, 회의록, 거래명세서 등 지출의 정당성을 입증할 수 있는 모든 서류를 빠짐없이 첨부하여 제출해야 합니다. 특히 요즘은 전자 영수증이나 모바일 결제 시스템이 보편화되어 있지만, 중요한 결제 내역은 혹시 모를 상황에 대비하여 캡처하거나 인쇄본으로 보관하는 습관을 들이는 것이 좋습니다. 디지털 시대에도 아날로그적인 백업은 여전히 유효합니다. 비용 처리 후에도 회사의 보관 규정에 따라 일정 기간 동안은 관련 서류를 잘 보관하여, 추후 감사나 확인 요청이 있을 때 즉시 제시할 수 있도록 준비해야 합니다. 이는 당신의 꼼꼼함과 더불어, 불필요한 오해나 불신의 여지를 완전히 차단하는 중요한 자세입니다.

셋째, 개인적인 비용과 회사 비용을 철저히 분리해야 합니다. 때때로 업무와 개인적인 용무가 겹쳐 지출이 발생하는 경우가 있을 수 있습니다. 예를 들어, 출장 중에 개인적인 물품을 구매했거나, 업무 미팅 후 개인적인 식사를 이어서 한 경우 등이 그렇습니다. 이럴 때는 개인 비용과 회사 비용을 명확하게 구분하여 처리해야 합니다. 개인 돈으로 먼저 지불한 내역이 있다면, 회사 정산 후에 깔끔하게 정산하고 필요한 서류를 잘 보관하는 습관을 들이는 것이 좋습니다. 사적인 지출을 회사 비용으로 청구하는 것은 명백한 비윤리적 행위이며, 적발 시 심각한 징계로 이어질 수 있습니다. 이러한 행위는 당신의 정직성을 의심받게 하고, 결국 커리어에 큰 오점으로 남을 수 있습니다.

넷째, 불필요한 지출을 최소화하고 효율적인 소비를 지향해야 합니다. '회삿돈'이라고 해서 무조건 비싸거나 편리한 것을 선택하는 대신, '내 돈이라면 어떻게 했을까?'라는 질문을 스스로에게 던져보세요. 예를 들어, 출장 시 가장 저렴하고 효율적인 교통수단 및 숙소를 이용하거나, 회식 장소를 정할 때 가성비를 고려하고 메뉴 선택에 신중을 기하는 등의 노력이 필요합니다. 이는 단순히 비용을 절감하는 것을 넘어, 당신이 회사의 자원을 소중히 여기고 효율적으로 관리하려는 의지를 보여주는 행동입니다. 작은 절약 습관들이 모여 회사 전체의 건전한 재정 운영에 기여할 수 있다는 인식을 가져야 합니다. 팀 단위, 혹은 부서 단위에서 비용 절감 아이디어를 제안하는 것도 당신의 능동적이고 책임감 있는 모습을 보여줄 수 있는 좋은 기회가 될 수 있습니다.

마지막으로, 정산 업무를 미루지 않고 신속하게 처리하는 것도 중요한 프로페셔널리즘입니다. 비용 처리는 단순히 돈을 돌려받는 행위가 아니라, 회사의 재무 기록을 정확하게 유지하는 중요한 업무의 일환입니다. 정산이 늦어지면 회사의 재무 상태를 파악하기 어렵게 만들고, 회계 감사 등에서 문제가 발생할 수도 있습니다. 따라서 지출이 발생하면 최대한 빠른 시일 내에 관련 서류를 정리하여 제출하고, 정산 절차를 완료하는 습관을 들여야 합니다. 이러한 신속함은 당신의 성실성과 더불어 업무 처리 능력을 긍정적으로 평가받는 요소가 됩니다. 재정 관련 부서와의 원활한 소통을 통해 궁금한 점을 해소하고, 필요한 정보를 미리 확인하는 'proactive'한 태도도 중요합니다.

임원이 주목하는 핵심

① 자금 처리 방식은 윤리 의식과 책임감을 보여주는 척도입니다.
② 불필요한 지출을 줄이고 신속하게 정산하는 태도는 프로페셔널리즘의 증거입니다.

회식을 기회로 만들어라

　직장 생활에서 회식은 늘 양가감정을 불러일으키는 이벤트입니다. 퇴근 후 개인 시간을 보내고 싶은 마음과 팀워크 향상, 그리고 동료들과의 유대감 형성이라는 긍정적인 측면 사이에서 우리는 늘 고민합니다. 특히 간부들이나 고참들에게는 익숙한 자리일 수 있지만, 새로운 환경에 적응해야 하는 신입 직장인들에게는 그 자체가 불편하고 어색할 수 있습니다. 대부분 퇴근 후에 진행되는 만큼, 모두가 빨리 끝나기를 바라는 마음은 같을 것입니다. 하지만 이러한 회식 자리를 조금만 지혜롭게 활용한다면, 서먹서먹했던 관계를 개선하고 오히려 긍정적인 효과를 가져올 수 있습니다.

　첫째, 회식, 단순한 식사가 아닌 관계 형성의 장입니다. 회식은 단순히 술을 마시거나 밥을 먹는 자리가 아니라, 업무 공간에서 나누기 어려웠던 솔직한 이야기들을 공유하고 동료들의 인간적인 면모를 발견하며 서로를 더 깊이 이해하는 중요한 기회입니다. 강압적이거나 불필요하게 긴 회식은 지양해야 마땅하지만, 짧고 즐거운 회식은 분명 조직에 활력을 불어넣는 긍정적인 역할을 합니다. 특히, 회사 생활에 갓 발을 들인 신입 사원에게는 회식을 통해 선배들과의 서먹했던 관계를 허물고 자연스럽게 소속감을 키울 수 있는 귀한 시간이 될 수 있습니다. 서로의 일상이나 관심사에 대해 이야기하며 딱딱했던 업무 분위기에서 벗어나 인간적인 유대감을 쌓는 것이 회식의 진정한 목표입니다. 이러한 관계가 잘 형성되면 업무 효율성도 자연스럽게 향상될 수 있습니다.

둘째, 회식 자리에서 가장 중요한 것은 서로에 대한 공감과 배려입니다. 특히 신입 직원이 있다면 그들이 불편함을 느끼지 않도록 세심한 배려가 필요합니다. 억지로 술을 권하거나 사생활에 대한 불편한 질문을 던지는 대신, 편안하게 대화에 참여할 수 있도록 분위기를 조성해 주세요. 가볍게 "오늘 점심은 뭐 드셨어요?"와 같은 질문으로 대화를 시작하거나, 상대방의 이야기에 귀 기울이는 경청의 자세는 좋은 인상을 남깁니다. 무엇보다, 모두가 빨리 집에 가고 싶어 한다는 점을 이해하고 불필요하게 회식을 길게 끌지 않는 것이 가장 큰 배려입니다. 모두가 즐겁고 편안하게 소통할 수 있는 분위기를 만드는 것이 회식을 성공적으로 이끄는 핵심입니다.

셋째, 회식에서는 업무와 무관한 가볍고 긍정적인 대화 주제가 관계 개선에 큰 도움이 됩니다. 날씨, 취미, 주말 계획, 최근 본 영화나 드라마 등 미리 몇 가지 대화 주제를 생각해 두면 어색한 침묵을 줄일 수 있습니다. 상대방의 이야기에 진심으로 귀 기울이고 적절한 리액션을 보여주는 것만으로도 대화는 훨씬 풍성해집니다. 이때 지나치게 개인적인 질문이나 정치, 종교와같이 민감한 주제는 피하는 것이 좋습니다. 상대방의 기분이나 성향을 파악하며 조심스럽게 대화를 이끌어가는 센스가 필요합니다. 업무라는 공통 분모를 넘어 개인적인 관심사를 나누는 과정에서 서로에 대한 이해도가 높아지고, 이는 긍정적인 팀워크로 이어질 수 있습니다.

넷째, 회식은 평소 업무 시간에는 전달하기 어려웠던 진심 어린 칭찬과 격려를 건넬 수 있는 좋은 기회입니다. "덕분에 지난 프로젝트가 잘 마무리될 수 있었어요"나 "오늘 발표 정말 인상 깊었어요"와 같은 한마디는 상대방에게 큰 힘이 되고, 유대감을 강화하는 데 크게 기여합니다. 진정성 있는 칭찬은 상대방의 자존감을 높여주고, 긍정적인 에너지를 주고받으며 좋은 분위기를 만들 수 있습니다. 또한, 회식을 주도하는 입장이라면 모두가 즐길 수 있는 방법을 고민해 보세요. 억지스러운 장기 자랑이나 개인의 희생을 강요하는 대신, 간단한 게임이나 재미있는 에피소드를 공유하며 자발적인 참여를 유도하는 것이 중요합니다.

다섯째, 아무리 분위기가 좋아도 과음은 절대 금물입니다. 지나친 음주는 다음 날 업무에 지장을 줄 뿐만 아니라, 실수나 오해를 불러일으킬 수 있어 당신의 평판에 치명적일 수 있습니다. 자신의 주량을 지키고, 다른 동료에게도 과음을 강요하지 않는 건강한 회식 문화를 만드는 데 동참해야 합니다. 특히 술을 마시지 못하는 동료를 위해 음료수 선택권을 넓히고, 그들에게 '술을 마셔야 한다'는 압박감을 주지 않는 배려가 필요합니다.

또한, 회식 시간이 너무 길어지지 않게 적당한 시점에 마무리하는 센스는 모두에게 좋은 인상을 남깁니다. 모두가 즐거울 수 있는 회식 문화는 사소한 배려에서부터 시작됩니다.

> **임원이 주목하는 핵심**
>
> ① 회식은 팀원과의 유대감과 소속감을 높이는 기회입니다.
> ② 배려와 공감을 바탕으로 긍정적인 대화가 중요합니다.
> ③ 과음하지 않는 성숙한 태도를 보여야 합니다.

14

회식 자리, 재능을 어필하라

　직장 생활에서 회식은 단순한 술자리가 아니라, 팀워크를 다지고 동료들과의 관계를 깊게 만드는 중요한 기회입니다. 부담스럽더라도 가능한 한 참석하여 소속감을 드러내고, 업무 외적인 교류를 통해 유대감을 쌓는 것이 좋습니다. 참석하지 않으면 자칫 '어울리기 싫어한다'는 오해를 살 수 있으니, 적극적인 참여 의지를 보여주는 것이 현명합니다.

　회식 자리에서는 술을 잘 마시는 것보다 긍정적인 태도와 배려심을 보여주는 것이 훨씬 중요합니다. 밝은 에너지로 분위기를 북돋고, 상대방의 이야기에 귀 기울이며 적절한 리액션을 보여주는 것만으로도 좋은 인상을 줄 수 있습니다. 억지로 대화를 주도하기보다는 경청하는 자세를 통해 당신의 뛰어난 공감 능력을 드러내세요.

　회식 자리에서 보여주는 작은 센스는 당신을 '회식 에이스'로 만들어줄 수 있습니다. 이러한 섬세한 배려들은 당신의 관찰력과 이타적인 태도를 보여주는 동시에, 동료들 사이에서 긍정적인 이미지를 구축하는 데 큰 도움이 될 것입니다. 단순히 눈치 보는 것을 넘어, 진심으로 주변을 살피고 돕는 행동은 당신의 품격을 한 단계 더 높여줄 수 있는 방법을 알아보겠습니다.

첫째, 능동적인 태도로 회식 시작하기입니다. 회식 장소에 도착하면 능동적인 태도로 주변을 살피는 것이 중요합니다. 단순히 자리에 앉아있기보다, 자연스럽게 수저를 세팅하거나 물을 따르는 등 기본적인 배려를 보여주세요. 상사나 선배들이 도착하기 전에 미리 냅킨이나 물컵 등을 준비해 두는 센스는 당신의 세심함과 주도성을 동시에 어필할 수 있습니다. 이러한 행동은 당신이 주어진 상황에 수동적으로 임하는 것이 아니라, 스스로 분위기를 만들고 팀원들을 배려하는 사람임을 보여줍니다. 특히 신입사원이라면 이러한 작은 행동 하나하나가 당신의 긍정적인 이미지를 구축하는 데 큰 도움이 됩니다.

둘째, 식사 중에도 이어지는 배려의 기술이 필요합니다. 식사 중에도 능동적인 모습은 계속되어야 합니다. 누군가 휴지가 필요하거나 음료가 비었을 때 먼저 나서서 챙기는 모습은 깊은 인상을 남깁니다. 동료의 접시가 비어있다면 먼저 치워도 되는지 물어보는 등, 식탁 분위기를 쾌적하게 유지하려는 노력 또한 중요합니다. 이러한 세심한 배려는 단순히 예의를 넘어, 당신이 주변 사람들을 항상 생각하고 존중한다는 것을 보여줍니다. 또한, 모두가 편안한 분위기에서 식사할 수 있도록 돕는 역할은 당신의 사교성과 리더십 잠재력을 은연중에 드러냅니다.

셋째, 메뉴 선정부터 빛나는 센스가 중요합니다. 회식 메뉴를 정할 때,

"다들 좋아하시는 메뉴 있으신가요?" 하고 먼저 묻거나, 상사나 동료들의 취향을 고려하여 메뉴를 추천하는 것은 당신의 뛰어난 센스를 보여줍니다. 모두의 의견을 수렴하려 노력하는 모습은 당신의 배려심과 소통 능력을 어필하며, 특정 메뉴에 대한 호불호가 갈릴 경우 중간에서 현명하게 조율하여 모두가 만족할 만한 대안을 제시하는 능력은 당신의 리더십 잠재력을 돋보이게 합니다. 이는 당신이 단순히 개인의 의견만 주장하는 사람이 아니라, 전체의 조화를 중요시하는 팀원이라는 인상을 심어줍니다.

넷째, 깔끔한 마무리로 좋은 인상 남기기입니다. 회식의 마무리는 좋은 인상을 결정짓는 중요한 순간입니다. 특별한 사정이 아니라면 상사나 선배가 먼저 자리에서 일어날 때까지 기다리는 것이 예의입니다. 상사나 선배가 자리에서 일어설 때 함께 일어나고, 이들의 귀가 동선을 확인하며 필요하다면 간단한 배웅 인사를 건네세요. 만약 2차나 3차가 이어진다면, 자신의 컨디션을 고려해 무리하지 않는 선에서 정중하게 양해를 구하고 먼저 귀가하는 용기도 필요합니다. 이때 "내일 업무에 지장 없도록 들어가 보겠습니다"와 같이 자신의 의지를 명확히 밝히면 더욱 좋습니다.

다섯째, 다음 날 아침, 긍정적인 마무리입니다. 회식 다음 날 아침에 전날 회식에 대해 가벼운 인사를 건네면 당신의 긍정적인 태도와 관계에 대한 중요성을 어필할 수 있습니다. "어제 수고 많으셨습니다!", "덕분에 즐거운 시간 보냈습니다!"와 같은 짧은 한마디는 당신이 어제의 자리를 소중히 여기고 동료들과의 유대감을 중요하게 생각한다는 것을 보여줍니다. 혹시 기억나지 않는 실수가 있었다면, 먼저 나서서 가볍게 사과하고 유쾌하게 넘기는 모습은 당신의 쿨함과 책임감을 동시에 보여줍니다. 숙취가 있다면 무리하지 않되, 성실하게 업무에 임하는 모습으로 회식 다음 날의 프로페셔널리즘을 보여주는 것이 중요합니다.

이처럼 회식은 단순히 먹고 마시는 자리가 아닌, 당신의 다채로운 면모를 보여주고 동료들과의 관계를 돈독히 할 수 있는 중요한 기회입니다. 센스와 배려심을 발휘하여 회식을 당신의 존재감을 드러내는 긍정적인 시간으로 만들어 보세요. 당신의 작은 노력이 직장 생활의 큰 자산이 될 것입니다.

임원이 주목하는 핵심

① 회식 참석시 긍정적이고 적극적인 자세를 보여야 합니다.
② 술을 못 마셔도 괜찮습니다. 주량을 지키고, 매너를 지키는 것이 더 중요합니다.
③ 음식 세팅, 대화 참여, 깔끔한 마무리 등 작은 배려로 센스와 품격을 보여주세요.

건배사, 센스를 보여라

 회식 자리에서 갑작스럽게 마이크를 넘겨받아 건배사를 해본 경험이 있거나, 언젠가 내가 해야 할지도 모른다는 부담감을 느껴본 적이 있을 겁니다. 예상치 못한 순간에 머릿속이 새하얗게 변하고 식은땀이 흐르는 것은 어쩌면 당연한 일이죠. 하지만 걱정하지 마세요. 건배사는 당신의 센스와 리더십, 그리고 재치를 한 번에 보여줄 수 있는 절호의 기회입니다. 이 기회를 잘 활용한다면 '핵인싸'는 아니더라도, 회식 분위기를 주도하고 동료들에게 '오, 저 친구/선배 괜찮은데?'라는 인상을 남기는 '회식 에이스'가 될 수 있습니다.

 건배사는 단순히 술을 마시기 전에 외치는 구호 이상의 의미를 지닙니다. 이는 당신이 팀과 조직에 대한 애정과 소속감을 표현하고, 동료들에게 긍정적인 메시지를 전달하며, 리더십을 간접적으로 보여줄 수 있는 중요한 순간이기 때문입니다.

첫째, 건배사는 자신감과 리더십을 드러내는 순간입니다. 건배사를 하는 순간은 당신이 잠시나마 회식의 중심에 서서 모두의 시선을 사로잡는 중요한 시간입니다. 하지만 이 기회를 제대로 활용하지 못하면 역효과를 낼 수 있습니다. 예를 들어, 소극적인 태도로 자신 없이 건배사를 하거나, 목소리가 작고 떨리면 당신의 리더십 부족이나 자신감 없는 모습이 드러날 수 있습니다. 이는 동료들에게 부정적인 인상을 남기고, 상사에게는 잠재력이 부족한 사람으로 비칠 수 있습니다. 반면, 자신감 있고 활기찬 태도로 짧은 한마디를 건네면 당신의 존재감을 각인시키고 긍정적인 평가를 받을 수 있습니다. 건배사는 단순한 건배 구호가 아닌, 짧은 시간 안에 당신의 프로페셔널한 면모를 모두에게 각인시키는 매우 중요한 소통의 장입니다.

둘째, 소속감과 긍정적 태도를 보여주는 기회입니다. 건배사를 통해 당신은 조직 전체의 유대감 형성에 기여하려는 의지를 보여줄 수 있습니다. 이는 상사에게는 성숙한 자세로, 동료들에게는 센스 있는 사람으로 비쳐 좋은 평판을 얻게 합니다. 그러나 상황에 맞지 않는 건배사를 하거나, 분위기를 해치는 내용을 말하면 관계에 금이 갈 수 있습니다. 예를 들어, 모두가 힘든 시기를 보내고 있는데 혼자 신나는 농담을 섞거나, 팀의 성과를 과장하는 건배사는 공감을 얻기 어렵고 분위기를 깨뜨릴 수 있습니다. 반대로, 상황에 맞는 진정성 있는 메시지를 전달하면 당신이 사적인 자리에서도 팀의 목표와 분위기를 생각하는 사람임을 보여주며, 조직에 대한 높은 소속감을 간접적으로 표현할 수 있습니다.

셋째, 소통 능력과 재치를 보여주는 기회입니다. 건배사는 짧은 시간 안에 핵심 메시지를 전달하고 모두의 공감을 이끌어내는 능력이 필요합니다. 이는 뛰어난 소통 능력과 재치를 요구하는 일입니다. 이 기회를 통해 당신은 단순한 업무 능력자를 넘어 다방면으로 유능하고 매력적인 사람으로 평가받을 수 있습니다. 하지만 준비 없이 즉흥적으로 건배사를 하려다가 말을 더듬거나 어색한 침묵이 흐르면, 당신의 소통 능력이 부족하다는 인상을 줄 수 있습니다. 간결하면서도 인상 깊은 메시지는 듣는 이의 기억에 오래 남아 당신의 존재감을 더욱 확고히 합니다. 짧은 말 한마디로 사람들의 마음을 움직이고 분위기를 이끌어가는 기술은 직장 생활에서 매우 중요한 무기가 될 것입니다.

건배사는 짧고 임팩트 있게 끝내는 것이 핵심입니다. 너무 길거나 진부하면 오히려 역효과를 낼 수 있습니다. 다음 기술들을 활용하여 센스 있는 건배사로 '회식 에이스'가 되어 보세요. 먼저, 평소에 몇 가지 건배사 구호를 미리 생각해 두는 것이 좋습니다. 유행하는 건배사, 재미있는 언어유희, 팀의 비전이나 목표와 연결된 메시지 등 다양한 유형을 준비해 두면 어떤 상황에서든 당황하지 않고 대처할 수 있습니다. 예를 들어, 팀원들의 사기를 북돋는 "오늘보다 내일 더!", 화합을 강조하는 "우리의 열정으로!", 건강과 행복을 기원하는 "건강과 행운을 위하여!" 등 상황에 맞춰 활용할 수 있는 레퍼토리를 만들어두세요.

마지막으로, 건배사는 15~30초 이내로 짧고 간결하게 끝내는 것이 가장 좋습니다. 서론이 길거나 내용이 복잡하면 집중도가 떨어지고 오히려 지루함을 유발할 수 있습니다. '왜 내가 이 건배사를 하는지'를 간략히 설명하고 바로 구호로 넘어가는 것이 현명합니다. 예를 들어, "오늘 이

자리는 ○○ 프로젝트의 성공적인 마무리를 축하하고, 팀원 여러분의 노고에 감사하는 자리입니다. 이에 다 함께 외치겠습니다! ○○ 프로젝트 성공과 우리 팀의 밝은 미래를 위하여! 위~하여!"와 같이 명확하고 힘 있는 메시지를 전달해 보세요. 당신의 센스 있는 건배사 한마디가 회식 분위기를 한층 더 즐겁고 의미 있게 만들 것입니다.

임원이 주목하는 핵심

① 건배사는 자신감과 리더십을 보여주는 중요한 기회입니다.
② 상황에 맞는 메시지로 소속감과 공감 능력을 보여주세요.
③ 15~30초 이내로 짧고 간결하게 재치를 어필해야 합니다.

16

술자리, 이것만 알면 인정 받는다

직장 생활에서 회식은 피할 수 없는 '만남의 장'입니다. 그리고 그 중심에는 '술'이 있는 경우가 많죠. 술을 잘 마시는 것보다 중요한 것은 바로 '술자리 예절', 즉 '주도(酒道)'를 **아는 것**입니다. 기본적인 술자리 예절을 모른다면 아무리 업무 능력이 뛰어나도 '기본이 안 된 사람'으로 낙인찍히기 쉽습니다. 반대로 능숙하고 센스 있는 주도는 당신의 사회성을 돋보이게 하고, 동료들과의 관계를 원활하게 만드는 데 큰 도움이 됩니다. 술자리 기본 예절을 완벽하게 익힌다면, 당신은 어떤 술자리에서도 환영받는 '회식 에이스'가 될 수 있습니다.

상대방의 주량을 미리 파악하고, 그에 맞춰 권하는 것이 중요합니다. "술 잘 못 마신다"는 이야기를 들었다면, 더 이상 권하지 않거나, 소량만 권하며 "무리하지 마세요"라고 배려심을 보여주세요. 물이나 음료수로 바꿔주는 센스도 좋습니다. 즐거운 분위기 속에서 가볍게 "한 잔 더 하실까요?" 하고 권유하는 것은 괜찮습니다. 하지만 상대방이 힘들어 보이거나 불편해 보인다면 즉시 멈추어야 합니다.

상대방의 잔이 비어 있다면 먼저 채워주는 것은 기본 예의입니다. 하지만 계속해서 잔을 채워 술을 마시게 강요하는 것은 '권하기'의 범주를 넘어선 실례입니다. 술 따르는 법은 상대방에 대한 존중을 표현하는 가장 기본적인 예절입니다. 윗사람에게 술 따를 때, 윗사람에게 술 받을 때, 동년배나 아랫사람에게 술 받을 때에 대해 기본 예절을 알아 보겠습니다.

첫째, 윗사람에게 술 따르는 법입니다. 윗사람에게 술을 따를 때는 두 손 공손히 병을 잡는 것이 기본입니다. 이때 오른손으로 병을 잡되, 술병의 상표가 보이지 않도록 가려서 잡는 것이 중요한 예절입니다. 왼손으로는 병의 밑이나 오른손 손목을 받쳐 공수 자세를 취하세요. 이러한 행동은 단순히 예의를 넘어, 겸손과 배려를 나타내는 전통적인 방식입니다. 특히 술병의 상표를 가리는 것은 고가의 술을 과시하지 않고, 술의 종류나 가격보다 함께 마시는 자리가 더 중요하다는 마음을 전달합니다. 또한, 잔을 너무 가득 채우지 않고 넘칠 듯 말 듯한 70~80% 정도만 따르는 것이 좋습니다. 상대방의 잔이 비었을 때만 따르는 것도 잊지 마세요.

둘째, 윗사람에게 술 받는 법입니다. 윗사람에게 술을 받을 때도 두 손을 사용하는 것이 예의입니다. 오른손으로 잔을 잡고 왼손으로는 잔 끝이나 오른손 손목을 받치는 공손한 자세를 취하세요. 술을 따라주는 윗사람에게 "감사합니다"와 같이 짧고 진심 어린 감사 인사를 전하는 것도 중요합니다. 술을 받자마자 바로 마시기보다는, 잠시 잔을 들고 있다가 윗사람이 먼저 마시거나 마시라고 권유할 때 마시는 것이 예의입니다.

동년배나 아랫사람에게 술을 받을 때는 한 손으로 받아도 되지만, 여전히 두 손으로 받는 것이 더욱 공손한 인상을 주므로 상황에 맞게 유연하게 대처하는 것이 좋습니다.

셋째, 술자리에서의 마시기 예절입니다. 윗사람 앞에서 술을 마실 때는 몸을 살짝 돌리거나 고개를 돌려 마시는 것이 예의입니다. 정면으로 마주 보고 원샷하는 것은 삼가야 합니다. 이러한 행동은 유교적 위계 질서가 강했던 전통 사회에서 비롯된 예절로, 어른이나 상사 앞에서 직접적으로 술 마시는 모습을 보이는 것이 실례로 여겨졌기 때문입니다. 고개를 돌려 마시는 모습은 "내가 술을 마시는 것을 드러내지 않음으로써 상대에게 부담을 주지 않겠다"는 정중한 배려이기도 합니다. 또한, 술을 마신 후 입을 닦거나 헛기침을 하는 등의 행동은 최대한 자제하고, 깔끔하게 마무리하는 것이 좋습니다.

넷째, 동년배 및 아랫사람과의 주도입니다. 동년배나 아랫사람에게 술을 따를 때는 한 손으로 따르기도 하지만, 여전히 두 손으로 따르는 것이 더 정중한 인상을 줍니다. 편한 사이라도 기본적인 예의를 지키는 것이 관계를 더욱 돈독하게 만듭니다. 동년배나 아랫사람에게 술을 받을 때도 마찬가지입니다. 한 손으로 받아도 무방하지만, 두 손으로 받는 공손한 태도는 상대방에게 존중받는다는 느낌을 주어 분위기를 더욱 좋게 만듭니다. 술자리 예절은 상하관계를 넘어 서로를 존중하고 배려하는 마음을 보여주는 중요한 수단입니다. 기본적인 주도를 숙지하고 유연하게 대처하면 당신은 어떤 술자리에서도 환영받는 사람이 될 수 있을 것입니다.

술자리 예절은 단순히 정해진 행동을 암기하는 것을 넘어, 상황에 대한 '센스'와 '배려'가 핵심입니다. 술자리에 도착하면 윗사람의 자리를 미리 파악하고, 예의에 맞게 자리를 잡는 것이 중요합니다. 보통 입구와 가장 먼 안쪽 자리가 윗사람의 자리이므로, 그 자리를 비워두는 것이 기본적인 센스입니다. 식사 중에는 윗사람이나 동료들의 안주를 먼저 챙겨주는 배려를 보여주세요. 젓가락을 건네거나, 필요한 것이 없는지 살피는 작은 행동 하나하나가 당신의 세심함을 드러내 좋은 인상을 남깁니다. 또한, 대화에서는 너무 진지하거나 논쟁적인 주제는 피하고, 가볍고 유쾌한 분위기를 유지하는 것이 좋습니다. 뒷담화나 비판적인 이야기는 절대 삼가야 합니다.

  술자리가 끝날 때까지 책임감 있는 모습을 보이는 것도 중요합니다. 혹시라도 과음하여 실수를 하는 동료가 있다면, 그를 챙겨주는 슬기로운 대처는 당신의 배려심과 리더십을 보여줄 좋은 기회가 됩니다. 술자리가 모두 끝난 후에는 "잘 마셨습니다!", "수고 많으셨습니다!"와 같이 감사 인사를 전하며 깔끔하게 마무리하세요. 다음 날 아침에도 가볍게 인사를 건네는 것이 좋습니다. 이러한 마무리 행동들은 당신이 술자리를 단순히 즐기는 것을 넘어, 동료들과의 관계를 소중히 여기고 책임감 있는 사람임을 보여줍니다.

임원이 주목하는 핵심

① 술자리 예절은 업무 능력만큼 중요하며, 상대방을 배려해야 합니다.
② 윗사람과 술을 주고받을 때는 두 손을 쓰고 몸을 돌려 마시는 게 예의입니다.
③ 불필요한 과음을 피하고, 주변을 배려하며 깔끔하게 마무리해야 합니다.

회식, 마지막까지 완벽하라

어제의 즐거웠던(혹은 고통스러웠던) 회식 후 아침을 맞이하는 여러분의 모습은 어떤가요? 어쩌면 알람 소리에 겨우 눈을 뜨고, 비틀거리는 몸을 이끌고 겨우 출근길에 오르지는 않나요? 회식의 '꽃'이 분위기 메이킹이라면, 회식의 '완성'은 바로 깔끔한 마무리입니다. 회식 후 행동 하나하나가 다음 날 여러분의 직장 생활은 물론, 동료와 상사에게 남길 인상을 결정합니다. '어제 회식했으니까 괜찮아'라는 안일한 생각은 금물! 다음 날 출근까지 평상시처럼 완벽하게 해내야 비로소 '회식 에이스'로 인정받을 수 있습니다. 회식했다고 늦게 나오면 '기본이 안 된 사람'이라는 낙인이 찍힐 수 있으니, 지금부터 깔끔한 마무리 기술을 익혀봅시다. 회식은 분명 업무의 연장선입니다. 하지만 그 연장선은 회식 자리가 끝나는 순간 단절되는 것이 아니라, 다음 날 출근까지 이어집니다. 당신의 회식 후 행동은 당신의 책임감, 자기 관리 능력, 그리고 동료에 대한 배려심을 보여주는 중요한 지표가 됩니다. 회식 후 깔끔한 마무리는 다음 날을 편안하게 맞이하고, 당신의 이미지를 더욱 단단히 하는 데 큰 도움이 됩니다. 몇 가지 습관만 잘 들인다면 누구든 '회식 에이스'가 될 수 있습니다.

첫째, 회식 전, 나만의 음주 계획 세우기입니다. 회식 후 깔끔한 마무리를 위한 첫걸음은 술자리 시작 전부터 준비하는 것입니다. 흥에 겨워 계획 없이 마시다 다음 날 후회하는 상황을 막기 위해, 자신의 주량 한계를 미리 정해두고 이를 반드시 지키는 것이 중요합니다. 예를 들어, '오늘은 딱 두 잔만 마셔야지'와 같이 구체적인 목표를 세우는 것이 효과적입니다. 술을 마시는 속도도 조절해야 합니다. 급하게 마시기보다 천천히 음미하고, 중간중간 물을 마시거나 안주를 충분히 섭취하여 알코올 흡수 속도를 늦추는 것이 좋습니다. 또한, 윗사람이나 동료가 술을 강하게 권할 때 당황하지 않도록 정중하지만 단호하게 거절하는 연습을 해두세요. "아, 제가 주량이 약해서요. 오늘은 여기까지 하겠습니다!"와 같이 솔직하고 예의 바른 표현을 사용하면 잠시의 어색함은 감수할 가치가 있습니다.

둘째, 술자리 중, 감정과 행동 관리하기입니다. 술이 들어가면 평소보다 감정적으로 변하기 쉽습니다. 따라서 술자리 중에는 감정적 동요를 피하고 예의를 지키는 것이 매우 중요합니다. 흥분해서 큰 소리를 내거나, 불필요한 스킨십을 하는 등 예의에 어긋나는 행동은 당신의 이미지를 망치는 지름길입니다. 스스로를 잘 통제하며 차분한 태도를 유지하세요. 만약 술이 조금 취한다고 느껴진다면, 화장실에 가서 찬물로 세수하거나 가벼운 스트레칭으로 머리를 식히는 시간을 갖는 것도 좋은 방법입니다. 이러한 행동은 당신의 자기 관리 능력을 보여주며, 동료들에게도 신뢰감을 줍니다.

셋째, 회식 마무리와 귀가 예절입니다. 회식의 마지막 순간까지 완벽하게 마무리하는 것이 중요합니다. 상사나 선배가 먼저 귀가할 때, 자리에서 일어나 정중하게 인사를 드리고 먼저 보내드리는 것이 예의입니다. 자칫 먼저 자리를 뜨거나, 앉은 채로 인사를 하면 예의가 없다는 인상을 줄 수 있습니다. 술자리가 늦게까지 이어지더라도, 자신의 귀가 동선을 미리 확인하여 문제가 없도록 해야 합니다. 막차 시간이나 대중교통 운행 시간을 미리 확인하고, 혹시 택시를 이용해야 한다면 예산을 미리 생각해 두세요. 이러한 철저한 준비는 당신이 책임감 있고 계획적인 사람임을 보여줍니다.

넷째, 다음 날 아침, 깔끔한 인상 남기기입니다. 회식 후 행동의 하이라이트는 다음 날 아침에 있습니다. 어제의 숙취로 고통스럽더라도, 평소와 다름없는 모습을 보여주는 것이 중요합니다. 회식 다음 날이라고 해서 지각하거나 늦게 나오는 것은 '기본이 안 된 사람'이라는 낙인이 찍히는 지름길입니다. 아무리 힘들어도 평소 출근 시간에 맞춰 회사에 도착하세요. 또한, 숙취로 인해 얼굴이 초췌해 보이더라도 단정하고 깔끔한 복장과 외모로 출근하여 프로페셔널한 모습을 유지해야 합니다. 출근해서 동료나 상사를 만났을 때 "어제 수고 많으셨습니다!"와 같이 가볍게 아침 인사를 건네며 긍정적인 이미지를 굳히세요.

임원이 주목하는 핵심

① 회식 전 음주 계획을 세워 주량을 조절해야 합니다.
② 감정을 잘 관리하고, 귀가 예절을 지켜야 합니다.
③ 회식 다음 날 지각 없이 단정한 모습으로 출근해 책임감을 보여주세요.

식당에서 당신의 역할

회식 자리에서 가장 먼저 눈에 띄는 사람은 누구일까요? 아마도 '센스 있는 막내'일 것입니다. 단순히 업무 능력이 뛰어나다고 해서 직장에서 모든 것이 해결되는 것은 아닙니다. 특히 회식과 같은 비공식적인 자리에서는 당신의 '눈치'와 '배려심'이 가장 중요하게 평가됩니다. 테이블에 앉자마자 자연스럽게 수저를 세팅하고, 물을 따르며, 능숙하게 고기를 굽는 모습은 '기본이 된 사람', 나아가 '함께 일하고 싶은 동료'라는 인상을 심어줍니다. 식당에서 빛나는 '센스 있는 막내' 스킬을 익힌다면, 당신은 분명 '회식 에이스'를 넘어 직장 생활의 진정한 에이스가 될 수 있을 것입니다.

막내 스킬은 거창하고 복잡한 기술을 요구하는 것이 아닙니다. 몇 가지 행동을 습관화하고, 상황에 대한 '눈치'를 발휘하면 충분히 숙달할 수 있습니다. 중요한 것은 당신의 적극적인 태도와 주변 사람들을 배려하려는 마음입니다. 이러한 작은 노력들이 쌓여 당신의 평판을 높이고, 직장 내에서 긍정적인 이미지를 구축하는 데 결정적인 역할을 할 것입니다.

당신의 센스는 식당에 도착해 자리에 앉는 순간부터 빛을 발할 수 있습니다. 상사나 선배들이 착석하기 시작하면, 당신이 가장 먼저 움직여 수저를 세팅하고 물을 따르는 배려를 보여주세요. 쭈뼛거리지 말고 자연스럽게 행동하는 것이 중요합니다. 수저 세팅은 테이블 위에 냅킨이나 물티슈가 있다면 각자 앞에 깔아주고, 개인별 접시나 앞접시가 있다면 미리 놓습니다. 물을 마실 컵이나 술잔을 각각 놓아준 뒤, 물통이 있다면 가장 먼저 윗사람의 컵에 물을 따릅니다. 이때 물통을 두 손으로 잡고 공손하게 따르는 것이 좋습니다. 술이 함께하는 자리라면 술잔을 먼저 세팅하고, 필요하다면 술병의 라벨이 윗사람에게 보이도록 따르는 섬세함까지 갖춘다면 당신은 이미 회식의 준비된 에이스입니다.

다음으로, 메뉴 선정은 회식 분위기를 좌우할 수 있는 중요한 순간입니다. 이 자리에서 당신의 배려심과 센스를 보여줄 수 있죠. "다들 어떤 메뉴 좋아하세요?", "오늘 어떤 거 드시고 싶으세요?"와 같이 상사나 선배들의 선호도를 먼저 묻는 것이 좋습니다. 단순히 물어보는 것을 넘어, 이들의 표정이나 어투를 통해 분위기를 읽는 눈치도 중요합니다. 선호도를 파악했다면, "혹시 돼지고기 어떠세요?", "여기는 김치찌개가 맛있다고 합니다!"와 같이 재치 있고 구체적인 메뉴를 제안하는 것도 좋습니다. 너무 많은 선택지를 제시하기보다 몇 가지를 추천하여 결정의 부담을 덜어주는 것이 현명합니다. 혹시 이전에 방문했던 경험이 있다면, 해당 식당의 인기 메뉴나 숨겨진 맛집 메뉴를 추천하는 것도 좋은 인상을 줄 수 있습니다.

고기 굽기는 회식 자리의 핵심 기술 중 하나입니다. 능숙하게 고기를 굽는 모습은 당신의 꼼꼼함과 배려심을 보여주는 강력한 어필이 됩니다. 고기 불판이 나오면 당신이 가장 먼저 집게와 가위를 잡고 고기를 구울 준비를 하세요. "제가 굽겠습니다!"라고 자신감 있게 말하는 것도 좋습니다. 굽는 순서는 윗사람들이 앉아있는 방향부터 먼저 고기를 올려 굽습니다. 고기가 적절히 익으면 가장 먼저 윗사람들의 접시에 놓아줍니다. 이후 다른 동료들에게도 골고루 챙겨주세요. 고기 종류에 따라 굽는 방식이 다르다는 점도 미리 알아두면 좋습니다. 예를 들어 삼겹살은 자주 뒤집고, 소고기는 한 번만 뒤집어 굽는 등 기본적인 지식을 갖추면 더욱 능숙한 모습을 보여줄 수 있습니다. 고기가 타지 않도록 불 조절을 세심하게 하고, 맛있게 익은 고기를 바로바로 분배하는 센스는 당신을 '고기 장인'으로 만들어줄 것입니다.

막내 스킬은 거창한 것이 아니라, 이처럼 작은 부분에서 빛을 발합니다. 이러한 섬세한 행동들은 당신이 단순히 시키는 일만 하는 것이 아니라, 주변 사람들을 먼저 생각하고 행동하는 사람임을 보여줍니다. 예를 들어, 여성 상사나 동료가 있다면 "가방 제가 보관해 드릴까요?" 하고 물어보며, 의자 뒤나 테이블 아래 안전한 곳에 놓아주는 것이 좋습니다. 특히 의자 등받이에 걸어두면 불편할 수 있으므로, 세심한 배려가 필요하죠. 고깃집의 경우, 비닐 봉투나 옷 커버가 있다면 상사나 동료들의 겉옷을 먼저 챙겨 넣어 냄새가 배는 것을 방지해주는 것도 센스 있는 행동입니다. 이는 당신이 동료들의 편의를 얼마나 섬세하게 생각하는지 보여주는 부분입니다.

술에 취한 상사나 선배 동료가 화장실에 간다고 하면, 동행하여 길을 안내하거나 편의를 봐주는 것도 좋습니다. 혼자 보내기 위험할 수 있는 상황에서 당신의 세심한 보살핌은 깊은 인상을 남길 것입니다. 계산 시에는 먼저 나서서 결제를 시도하거나, 최소한 결제 금액을 확인하는 모습을 보이는 것도 좋습니다. 회사 법인카드 사용이 보편화되었더라도, 결제 상황에 대한 이해를 보여주는 것은 책임감을 의미합니다. 마지막으로, 회식 후 귀가 시에도 상사나 선배의 교통편을 확인하고, 필요한 경우 대리운전 호출 등을 돕는 배려를 보여준다면 당신은 완벽한 '회식 에이스'로 자리매김할 수 있습니다. 마지막까지 상대방의 안전과 편의를 챙기는 모습은 당신의 진정한 책임감을 보여주는 부분입니다. 회식은 단순한 술자리가 아니라 당신의 '눈치'와 '배려심', 그리고 '적극성'을 보여줄 수 있는 중요한 기회입니다. 식당에서 '센스 있는 막내'가 되어 수저 세팅, 물 따르기, 고기 굽기 등의 기본적인 스킬을 완벽하게 익히고, 나아가 주변을 살피는 섬세한 배려심을 보여준다면, 당신은 분명 '회식 에이스'를 넘어 직장 생활에서 '함께 일하고 싶은 사람'으로 인정받을 수 있을 것입니다. 이러한 작은 노력들이 쌓여 당신의 직장 생활을 더욱 풍요롭고 성공적으로 만들어 줄 것입니다. 당신의 섬세한 행동 하나하나가 곧 당신의 직장 내 브랜딩이 된다는 점을 기억하세요.

임원이 주목하는 핵심

① 회식은 눈치와 배려심을 보여주는 중요한 기회입니다.
② 수저 세팅과 메뉴 추천 등 능동적인 자세를 어필하세요.
③ 동료의 외투를 챙기는 등 섬세한 배려가 이미지 개선에 큰 도움이 됩니다.

19

상사들끼리 회식 자리에서
하는 이야기들

　상사들이 회식이라고 해서 그저 맛있는 음식을 먹고 즐거운 시간을 보내는 자리라고 생각하면 큰 오산입니다. 특히 팀장님이나 부장님 같은 상사들끼리의 저녁 회식은 단순히 친목 도모를 넘어, 업무의 연장선이자 여러분에 대한 중요한 평가가 은밀하게 이루어지는 자리가 될 수 있다는 점을 명심해야 합니다.

　회식 자리에서는 흔히 회사 전반의 핵심 이슈나 주요 업무 진행 상황에 대한 열띤 토론이 벌어지곤 합니다. 이러한 논의가 한창일 때, 자연스럽게 "○○ 대리는 어때?", "○○ 대리는 잘하고 있어?"와 같이 여러분에 대한 이야기가 오갑니다. 여러분은 이러한 평가들이 여러분의 인사고과나 향후 업무 분장, 나아가 회사 생활 전반에 큰 영향을 미칠 수 있다는 사실을 반드시 인지해야 합니다.

　상사들만의 회식은 겉으로 보기엔 편안한 분위기에서 식사하는 자리 같지만, 그 속에서는 다양한 회사 이슈와 직원 평가가 활발하게 오고 갑니다. 이는 공식적인 회의에서는 다루기 어려운 비공식적인 정보 교환의 장이자, 서로의 생각을 솔직하게 공유하며 결정을 보완하고 확정 짓는 중요한 자리입니다. 여러분의 평소 업무 태도나 성과뿐만 아니라, 예상치 못한 부분까지 평가될 수 있다는 점을 항상 염두에 두어야 합니다.

첫째, 회사 및 사업부의 주요 이슈에 대해 심도 깊은 논의가 이루어집니다. 현재 회사가 직면한 긴급 현안과 해결 방안에 대한 토론은 물론, 부서 간 협업이 필요한 문제들이 주요 안건으로 오르내리곤 합니다. 또한, 새로 추진될 프로젝트나 사업 방향에 대한 아이디어 공유, 초기 기획 단계의 논의가 이루어지기도 하며, 경쟁사의 움직임이나 시장 트렌드에 대한 정보 교환과 함께, 우리 회사의 대응 전략에 대한 이야기도 활발하게 오갑니다. 심지어 비효율적인 업무 방식이나 개선이 필요한 사내 시스템에 대한 불만 토로와 함께, 효율성을 높일 수 있는 방안들이 제시되기도 합니다.

둘째, 팀 및 부서 운영과 관련된 논의도 중요한 비중을 차지합니다. 상사들은 팀이나 부서의 핵심 성과 지표(KPI) 달성 현황을 점검하고, 부족한 부분에 대한 대책을 논의합니다. 더불어 새로운 인력 충원 필요성, 기존 직원의 업무 배치 조정, 유휴 인력 활용 방안 등에 대한 이야기가 나오기도 하며, 특정 팀원에게 업무가 가중되거나 전반적인 업무 효율성을 높일 수 있는 방안에 대해 함께 고민하는 모습도 볼 수 있습니다.

셋째, 그리고 이 부분이 여러분에게 가장 중요한데, 바로 직원 평가 및 인재 육성에 대한 이야기입니다. "○○ 대리, 요즘 성과가 눈에 띄던데?",

"새로운 업무를 맡겨도 잘할까?"처럼 개개인의 업무 성과와 성장 가능성에 대한 솔직한 평가가 이루어집니다. 또한, "○○ 대리는 책임감이 강해", "○○ 사원은 좀 더 적극적이면 좋겠어", "팀원들과 잘 어울리나?" 등 업무 처리 방식, 협업 능력, 조직 적응력에 대한 이야기가 오가며, "우리 팀에 ○○ 대리 같은 직원이 더 필요해", "○○ 사원이 있어서 분위기가 좋아졌어"처럼 조직에 미치는 긍정적 또는 부정적 영향에 대한 평가도 이루어집니다. 때로는 특정 직원이 겪는 어려움이나 고민에 대해 상사들이 공유하고 해결 방안을 모색하기도 하는데, 예를 들어, "○○ 사원이 요즘 힘들어 보이던데, 혹시 무슨 일 있어?"와 같은 이야기가 나올 수 있습니다.

임원이 주목하는 핵심

① 상사들의 회식은 비공식적인 정보 교환과 중요한 의사 결정이 이루어지는 업무의 연장선입니다.
② 회사의 주요 이슈와 부서 운영 방안에 대한 심도 깊은 논의가 오갑니다.
③ 직원의 업무 성과, 성장 가능성, 협업 능력 등 개인에 대한 솔직한 평가가 이루어집니다.

5장

전쟁터에서
살아남는 법

THE COMPANY

이 장은 직장이라는 '전쟁터'에서 단순히 버티는 것을 넘어, 지속 가능한 성장을 통해 성공적인 커리어를 만들어가는 전략을 제시합니다. 직장 스트레스와 번아웃을 현명하게 관리하며, 개인의 성장과 자산 관리까지 아우르는 실질적인 조언을 담고 있습니다. '참고 견디는 인내심'부터 '회사의 금기사항'을 피하는 지혜, 그리고 '개인의 재테크'까지, 직장인이 알아야 할 모든 생존 및 성장 노하우를 제공하여 회사와 나 자신의 균형 있는 발전을 돕습니다. 당신이 회사의 소중한 '1/N 주주'임을 깨닫고 능동적으로 커리어를 개척하는 방법을 안내합니다.

스트레스와 번아웃 극복하는 법

 직장인이라면 누구나 꿈꾸던 회사 생활을 그리며 야심 차게 입사했을 겁니다. 하지만 현실은 녹록지 않죠. 끊임없이 쏟아지는 업무, 복잡한 인간관계, 미래에 대한 불안감 속에서 우리는 자신도 모르게 '좀비'처럼 변해갑니다. 특히 직장 스트레스는 단순히 '힘들다'는 감정을 넘어, 당신의 몸과 마음을 갉아먹는 번아웃이라는 치명적인 질병으로 이어질 수 있습니다. '내가 능력이 떨어져도 괜찮아'라고 스스로를 다독여도, 번아웃이 오면 아무것도 할 수 없습니다. 당신의 몸과 마음이 보내는 작은 신호들을 무시하지 마세요. 당신의 몸은 당신의 가장 중요한 자산이기 때문입니다.

 우선 몸이 보내는 번아웃의 적신호들을 알아보겠습니다. 정신적인 스트레스는 반드시 신체적인 증상으로 나타납니다. 우리는 흔히 정신적인 고통은 정신적인 영역에만 머문다고 생각하지만, 당신의 몸은 이미 다양한 방식으로 도움을 요청하고 있습니다. 이러한 작은 이상 신호들을 무시하지 마세요. 만약 아래 증상들이 2가지 이상, 2주 이상 지속된다면 번아웃을 의심해 봐야 합니다. 먼저, 충분히 잠을 자도 개운하지 않고 늘 몸이 무겁고 피곤하다면 만성 피로를 의심해 봐야 합니다. 주말에도 피로가 풀리지 않고 월요일이 오는 것이 두려워 밤에 쉽게 잠들지 못하거나, 자다가 자주 깨서 다시 잠들기 어려울 수 있습니다. 꿈을 많이 꾸거나 악몽에 시달리는 것도 흔한 증상입니다.

또한, 스트레스는 소화기에도 직접적인 영향을 줍니다. 속이 더부룩하거나 소화가 잘 안되며, 위염이나 역류성 식도염 증상이 나타나기도 합니다. 식욕이 너무 없거나, 반대로 폭식하는 경향을 보인다면 몸이 보내는 적신호일 수 있습니다. 특별한 이유 없이 머리가 아프거나, 어깨와 목이 굳고 결리는 통증에 시달리기도 합니다. 평소보다 더 자주 담에 걸리거나 근육통을 느낀다면, 이는 몸이 스트레스를 견디지 못하고 있다는 증거입니다. 감정적인 변화도 두드러지게 나타납니다. 사소한 일에도 짜증이 나고 쉽게 화를 내거나, 특별한 이유 없이 불안하고 초조한 감정이 듭니다. 이전에 즐거웠던 일에도 흥미를 잃고 무기력해지는 것은 당신의 마음이 지쳤다는 신호입니다. 절대 '나는 강하니까 괜찮아'라고 스스로를 속이지 마세요. 당신의 몸과 마음은 정직한 당신의 대변인입니다. 이러한 스트레스를 현명하게 관리하고 극복하는 법을 알아보겠습니다.

첫째, 퇴근 후 업무와 이별하는 연습입니다. 번아웃을 예방하고 극복하기 위한 가장 중요한 첫걸음은 퇴근 후 업무와 완전히 분리되는 연습을 하는 것입니다. 많은 직장인이 퇴근 후에도 업무 관련 생각에서 벗어나지 못하거나, 수시로 울리는 업무용 메신저 알림 때문에 개인 시간을 온전히 누리지 못합니다. 이러한 상태가 지속되면 뇌와 몸이 충분히 휴식하지 못해 번아웃에 취약해집니다. 따라서 퇴근 후에는 카톡이나 메신저 알림을 끄고, 회사 업무는 회사에 두고 온다는 강력한 마음가짐이 필요합니다. 특히 주말에는 노트북을 덮어두고, 이메일을 확인하는 습관을 완전히 버려야 합니다. 주말을 오롯이 당신만을 위한 시간으로 채우는 것, 이것이 번아웃을 예방하는 가장 강력한 방법입니다.

둘째, 몸과 마음을 돌보는 시간 갖기입니다. 번아웃을 극복하기 위해서는 몸과 마음을 돌보는 시간을 의식적으로 확보해야 합니다. 이는 당신의 건강을 지키는 가장 기본적인 방법이자, 당신이 일상에 활력을 되찾는 필수적인 과정입니다. 충분한 수면, 영양가 있는 균형 잡힌 식사, 그리고 규칙적인 운동은 번아웃을 예방하는 가장 기본적인 수단입니다. 억지로라도 시간을 내어 건강을 관리하세요. 또한, 업무 외적인 즐거움을 찾고, 스트레스를 해소할 수 있는 취미 활동에 몰두하는 것도 중요합니다. 책을 읽거나, 좋아하는 음악을 듣거나, 산책을 하는 등 아무것도 하지 않고 편안하게 쉬는 시간도 중요합니다. 이러한 '힐링'을 통해 지쳐있던 나 자신을 다시 찾아야 합니다.

셋째, 모든 것을 혼자 짊어지지 않기입니다. 번아웃의 늪에 빠지기 쉬운 사람들은 종종 모든 것을 혼자 해결하려는 경향이 있습니다. 하지만 모든 것을 혼자 짊어지는 것은 번아웃을 심화시키는 가장 위험한 태도입니다. 믿을 수 있는 동료, 친구, 가족과 당신의 어려움을 솔직하게 이야기하세요. 감정을 털어놓는 것만으로도 큰 위로가 되고, 때로는 문제 해결의 실마리를 찾을 수도 있습니다. 만약 스스로 감당하기 어렵고 무기력한 감정이 심해진다면, 주저하지 말고 전문가의 도움을 받는 것이 현명합니다. 회사 내 상담 센터, 심리 상담사, 정신건강의학과 의사 등 전문적인 도움을 받는 것은 절대 부끄러운 일이 아닙니다. 오히려 당신이 스스로를 관리하고 성장하려는 의지를 보여주는 성숙한 행동입니다.

회사에서 '롱런'하기 위해서는 당신의 몸과 마음을 지키는 것이 가장 중요합니다. 직장 스트레스와 번아웃은 누구에게나 찾아올 수 있지만, 이를 미리 알아차리고 현명하게 대처한다면 당신은 결코 무너지지 않을 것입니다. 당신의 몸이 보내는 작은 신호에 귀 기울이고, 스스로를 돌보는 시간을 투자하세요. 당신의 건강한 삶이 곧 당신의 성공적인 직장 생활을 위한 가장 강력한 기반이 될 것입니다.

임원이 주목하는 핵심

① 피로 등 몸이 보내는 번아웃 신호를 무시하지 마세요.
② 퇴근 후 업무에서 완전히 분리되어 몸과 마음을 돌보는 시간을 가지세요.
③ 모든 것을 혼자 짊어지려 하지 말고 주변에 도움을 요청하거나 전문가를 찾으세요.

퇴근 후 나를 찾아라

 퇴근 후에도 스마트폰을 손에서 놓지 못하고 회사 메신저를 확인하거나, 다음 날 업무 걱정으로 잠 못 이루는 밤을 보내고 있지는 않나요? 퇴근은 분명 사무실 문을 나서는 순간 시작되지만, 우리의 뇌는 여전히 회사에 묶여 있는 경우가 많습니다. '워라밸'(Work-Life Balance)은 이제 단순히 유행어가 아니라, 건강하고 지속 가능한 직장 생활을 위한 필수 생존 전략입니다. 업무 스트레스는 퇴근 후 온전히 해소되어야 합니다. 퇴근 후에도 회사 일에 얽매여 있다면, 당신의 뇌는 쉬지 못하고 계속해서 긴장 상태를 유지하게 됩니다. 이는 만성적인 피로와 불안감을 유발하며 정신 건강에 치명적입니다. 퇴근 후 회사 인간 모드를 해제하고 '진정한 나'를 찾는 것은 의식적인 노력이 필요합니다. 다음 전략들을 실천하며 당신의 삶을 되찾아 봅시다.

 첫째, 몸과 마음의 컨디션을 회복하는 데 집중하세요. 규칙적인 운동은 몸의 긴장감을 풀어주는 것은 물론, 기분을 좋게 만드는 호르몬 분비를 촉진합니다. 꾸준한 운동은 깊은 잠을 유도하여 다음 날의 컨디션을 최상으로 끌어올리는 데 도움이 되고, 불안감과 우울한 기분을 완화하는 데 긍정적인 영향을 미칩니다. 운동은 신체적인 건강뿐만 아니라 정신적인 스트레스 해소에도 가장 효과적인 방법 중 하나입니다.

또한 충분한 수면은 낮 동안 쌓인 피로를 회복하고, 스트레스에 대한 저항력을 높여 번아웃을 예방하는 가장 기본적인 힘이 됩니다. 수면 중에는 몸의 회복 시스템이 활발하게 작동하고, 뇌는 낮에 있었던 복잡한 정보를 정리하며 다음 날을 위한 에너지를 충전합니다. 퇴근 후에는 스마트폰 사용을 줄이고, 잠자리에 들기 전 따뜻한 물로 샤워를 하거나 편안한 음악을 듣는 등 수면의 질을 높이는 노력을 해보세요. 숙면을 통해 온전한 휴식을 취하는 것이야말로 당신의 삶을 지키는 가장 중요한 습관입니다.

둘째, 회사 밖의 '나'를 위한 즐거움을 찾으세요. 평소 하고 싶었던 취미 활동을 시작하거나, 이미 가지고 있는 취미에 더 깊이 빠져보세요. 악기 연주, 독서, 그림 그리기, 요리, 게임, 영화 감상 등 몰입할 수 있는 활동은 업무 스트레스를 잊게 하고, 삶의 활력을 불어넣어 줍니다. 좋아하는 일에 집중하는 동안 우리 뇌는 업무와 관련된 생각을 잠시 멈추고 새로운 자극을 받게 됩니다. 이는 즐거움을 느끼게 하는 물질을 분비시켜 스트레스를 줄여주고, 마음을 편안하게 만드는 데 도움이 됩니다.

더 나아가, 업무와 전혀 관련 없는 새로운 것을 배우고 작은 성취를 경험하는 과정은 우리에게 즐거움과 활력을 줍니다. 외국어 공부, 자격증 취득, 온라인 강좌 수강 등 스스로의 성장을 위한 투자는 당신의 삶을 더욱 풍요롭게 만들고, 자존감을 높여줍니다. 새로운 분야를 배우고 작은 성공을 경험하는 것은 뇌를 자극하여 무기력함을 극복하고 '나도 할 수 있다'는 자신감을 되찾는 계기가 될 것입니다.

셋째, 소중한 관계 속에서 심리적 안정감을 찾으세요. 가족, 친구, 연인과 함께 식사하고 대화하며 즐거운 시간을 보내세요. 사람들과의 따뜻한 관계 속에서 우리는 심리적 안정감을 얻고, 불안한 감정을 해소할 수 있습니다. 이는 스트레스 상황에 더 유연하게 대처할 수 있는 힘을 길러줍니다. 인간적인 교류는 삶의 만족도를 높이고, 정서적인 안정감을 줍니다.

회사 밖의 소중한 관계를 통해 당신은 다시 살아갈 힘을 얻게 될 것입니다. 당신의 어려움을 솔직하게 털어놓을 수 있는 사람이 있다는 것만으로도 큰 위로가 되고, 문제 해결의 실마리를 찾을 수도 있습니다. 특히, 동료가 아닌 다른 사람들과의 관계는 당신의 정체성을 '회사 인간'이 아닌 '진정한 나'로 재확인시켜 주는 중요한 역할을 합니다. 회사라는 울타리 밖에서 소중한 사람들과의 관계를 통해 당신은 더욱 단단하고 풍요로운 삶을 살 수 있습니다. 높여줍니다.

임원이 주목하는 핵심

① 퇴근 후 회사 메신저와 업무에서 완전히 벗어나세요.
② 업무와 무관한 취미 활동으로 스트레스를 해소하세요.
③ 가족, 친구와의 관계 유지하며 심리적 안정감을 찾으세요.

건강한 워라밸 설계 방법

회사에서 가장 부러운 사람은 누구인가요? 아마도 '놀 땐 화끈하게 놀고, 일할 땐 미친 듯이 몰입해서 탁월한 성과를 내는 사람'일 겁니다. 우리는 흔히 그런 사람들을 '천재'라고 생각하며 좌절하곤 합니다. 하지만 그들의 비결은 타고난 능력이 아니라, 바로 '꾸준함'에서 비롯된 주인의식과 주도적인 태도에 있습니다. 직장 생활은 단거리 경주가 아니라 마라톤입니다. 짧은 기간 반짝이는 성과보다는, 꾸준히 노력하며 자신을 성장시키는 태도가 당신을 '좀비 모드'에서 벗어나 '롱런'하는 직장인으로 만들고, 결국 모두에게 인정받는 '회사의 1/N 지분러'로 자리매김하게 할 것입니다.

진정한 워라밸은 단순히 정해진 시간에 퇴근하는 것만을 의미하지 않습니다. 자신의 업무에 대한 주인의식을 갖고 주도적으로 일함으로써 '눈치 보지 않고' 당당하게 자신의 시간을 누리는 것이 진정한 워라밸입니다. 꾸준함은 당신의 역량을 강화하고, 신뢰를 구축하며, 결국 이러한 주도적인 태도를 가능하게 하는 핵심적인 덕목입니다.

꾸준함이 곧 신뢰로 이어집니다. 중요한 프로젝트를 맡았을 때, '저 사람은 늘 성실하게 해낸다'는 믿음을 주는 사람과 '늘 벼락치기로 겨우 맞춰 온다'는 사람 중 누구에게 더 큰 기회가 주어질까요? 예측 가능한 꾸준함은 동료와 상사에게 깊은 신뢰를 심어줍니다. 이 신뢰는 당신의 업무 능력을 넘어서는 중요한 자산이 됩니다. 꾸준히 성실하게 맡은 일을 해내는 모습은 단순히 '일을 잘하는 사람'을 넘어, '함께 일하고 싶은 사람'으로 인식하게 만듭니다. 이러한 신뢰는 당신이 바쁜 와중에 잠시 자리를 비우더라도, 동료들이 걱정 없이 당신을 믿어줄 수 있는 힘이 됩니다. 또한, 꾸준함으로 쌓인 신뢰는 당신의 의견에 무게를 실어주고, 팀 내에서 더 중요한 역할을 맡을 기회를 만들어 줍니다.

벼락치기는 당장의 문제를 해결할지 몰라도, 업무의 완성도를 높이기 어렵습니다. 꾸준히 작은 부분이라도 신경 쓰고 개선하려는 노력은 업무의 질을 지속적으로 향상시키고, 결국 더 나은 결과물을 만들어 냅니다. 꾸준함은 또한 업무의 전반적인 과정을 예측 가능하게 만들어, 예상치 못한 문제가 발생했을 때도 당황하지 않고 유연하게 대처할 수 있는 기반을 마련해줍니다. 이미 충분한 데이터와 경험을 축적하고 있기 때문이죠. 반면 벼락치기에 의존하는 사람은 작은 위기에도 쉽게 무너지고, 결국 팀 전체의 신뢰를 잃을 수 있습니다.

꾸준한 자기 계발은 회사와의 긍정적인 순환을 만듭니다. 꾸준한 학습과 자기 계발은 당신의 역량을 점진적으로 향상시킵니다. 매일 10분씩

외국어 공부를 하거나, 주말에 1시간씩 관련 서적을 읽는 꾸준함이 1년, 5년 후에는 엄청난 격차를 만들어낼 것입니다. 이러한 작은 노력들이 쌓여 당신을 전문가로 성장시키는 원동력이 됩니다. 그리고 이러한 주도적인 성장의 모습은 회사로부터 긍정적인 피드백을 이끌어냅니다. 많은 회사가 주도적으로 역량을 키우는 직원에게 교육 지원, 세미나 참석 기회, 재택근무 등 다양한 방식으로 보상을 제공합니다. 이것은 단순히 워라밸을 눈치 보며 즐기는 것이 아니라 회사도 당신의 성장을 응원하고 있음을 당당하게 느끼는 것입니다.

결국 꾸준함은 당신의 신뢰도를 높이고, 업무의 질을 향상시키며, 위기관리 능력을 키우고, 개인의 성장을 가속화하며, 번아웃까지 방지하는 직장 생활의 가장 강력한 비결입니다. 그리고 이 꾸준함이 당신에게 진정으로 주도적인 삶을 가능하게 하며, 회사에서도 당당하게 놀고 일할 수 있는 주인의식을 갖게 합니다.

임원이 주목하는 핵심

① 워라밸은 주도적으로 일하고 당당하게 쉬는 것입니다.
② 꾸준한 자기 계발은 개인 성장과 회사로부터의 긍정적 보상을 이끌어냅니다.

현명한 인내,
당신을 강하게 만든다

보통 30여 년에 달하는 직장 생활은 마라톤과 같습니다. 그 긴 여정 속에서 우리는 승진 누락, 상사의 질책, 동료와의 갈등 등 수많은 난관에 부딪히게 됩니다. 이럴 때마다 '그만둘까?', '부서를 옮겨볼까?' 하는 충동에 휩싸이곤 합니다. 물론 승진을 통해 더 높은 자리로 이동하는 것은 더할 나위 없는 기회이지만, 단순히 상황이 마음에 들지 않아 업무나 부서를 변경하는 것은 오히려 손해로 이어지는 경우가 많습니다. 힘든 시기일지라도 조금 더 참고 견뎌낸다면, 예상치 못했던 기회가 찾아오기도 합니다. 직장 생활은 인내하는 자에게 결국은 보상하는 속성이 있기 때문입니다.

직장 생활을 하다 보면 우리는 흔히 '지금 아니면 안 돼'라는 조급함에 사로잡히곤 합니다. 특히 승진이 늦어지거나 불리한 평가를 받을 때, 주변의 성공 사례와 비교하며 좌절하기 쉽습니다. 그러나 조직은 생각보다 훨씬 유기적이며, 개개인의 역량이 발휘될 시기는 각기 다르게 찾아옵니다. 어떤 프로젝트에서 역량을 인정받지 못했더라도, 다음 프로젝트에서는 핵심 인재로 부상할 수 있습니다. 상사의 질책을 받았더라도, 그 경험을 통해 부족한 점을 보완하고 더 성장할 수 있습니다. 당장은 보이지 않더라도 꾸준히 노력하고 주어진 자리에서 최선을 다한다면, 분명 언젠가는 그 노력을 알아주는 사람이 나타나고, 예상치 못한 기회가 주어집니다. 이는 마치 겨울을 견딘 나무가 봄에 더욱 풍성한 열매를 맺는 것과 같습니다. 이직이나 부서 이동이 정답이 아님을 깨닫고, 현재 위치에서 묵묵히 자신의 역할을 다하며 기회를 기다리는 지혜가 필요합니다. 당장의 어려움을 피하고자 섣불리 부서를 옮겼다가 오히려 더 큰 손해를 보는 경우가 적지 않습니다. 몇 가지 실제적인 예를 들어보겠습니다.

첫째, 오랜 기간 승진이 누락되어 불만을 품고 다른 부서로 이동했는데, 얼마 지나지 않아 원래 부서에서 '티오(TO)'가 발생하여 더 늦게 입사한 후배가 먼저 승진하는 경우가 있습니다. 이동한 부서에서는 다시 처음부터 업무를 익히고 관계를 형성해야 하는 상황에서, 놓쳐버린 승진 기회는 큰 아쉬움으로 남을 수 있습니다.

둘째, 특정 분야에서 전문성을 쌓아가던 중, 업무가 힘들다는 이유로 전혀 다른 분야의 부서로 이동하는 경우가 있습니다. 당장은 편할지 몰라도, 장기적으로 보면 이전까지 쌓았던 전문성이 단절되어 경력의 연속성이 끊기고, 새로운 분야에서 다시 신입처럼 시작해야 하는 부담을 안게 됩니다. 이는 결국 연봉 협상이나 이직 시 불리하게 작용할 수 있습니다.

셋째, 기존 부서에서는 이미 익숙한 사람들과 업무 시스템, 그리고 끈끈

한 네트워크가 형성되어 있습니다. 하지만 부서를 옮기게 되면 이러한 기존의 모든 네트워크가 단절되고, 새로운 환경과 사람들에게 다시 적응해야 하는 시간과 노력이 필요합니다. 이 과정에서 업무 효율이 떨어지거나, 심리적인 소외감을 느끼며 오히려 더 큰 어려움에 직면할 수도 있습니다.

　직장 생활의 어려움은 단순히 참고 견디는 것 이상의 지혜로운 대처를 요구합니다. 감정적인 대응보다는 능동적인 자세로 문제에 접근하고 자신을 발전시키는 기회로 삼아야 합니다. 상사의 질책이나 승진 누락 등 문제가 발생했을 때, 감정적으로 좌절하기보다 그 원인을 객관적으로 분석해야 합니다. 나의 역량이 부족한 부분은 없는지, 소통 방식에 문제가 있었는지 등을 냉철하게 판단하고 개선 방안을 찾아야 합니다. 필요한 경우 상사나 선배에게 직접 피드백을 요청하고, 부족한 부분을 채우기 위해 노력하는 모습을 보여주는 것이 중요합니다.

　당장 눈앞의 불이익에 연연하기보다 장기적인 관점에서 자신의 경쟁력을 키우는 데 집중해야 합니다. 업무 관련 자격증 취득, 외국어 학습, 새로운 기술 습득 등 꾸준한 자기 계발은 언젠가 찾아올 기회를 잡을 준비를 하는 과정입니다. 이는 현재의 어려움을 극복하는 원동력이 될 뿐만 아니라, 미래의 더 큰 성공을 위한 발판이 됩니다. 힘들 때일수록 주변 동료들과의 관계를 더욱 돈독히 하는 것이 중요합니다. 긍정적인 관계는 심리적인 지지대가 되어주고, 업무적인 어려움에 대한 조언이나 도움을 받을 수 있는 자원이 됩니다. 또한, 사내외 다양한 사람들과의 네트워크를 구축하며 시야를 넓히고, 예상치 못한 기회를 포착할 수도 있습니다. 직장 생활의 어려움은 필연적으로 스트레스를 동반합니다. 자신만의 스트레스 해소법을 찾아 꾸준히 실천하고, 필요하다면 전문가의 도움을 받는 것도 좋습니다. 건강한 신체와 긍정적인 정신 상태를 유지하는 것은 어려운 시기를 인내하고 극복하는 데 필수적인 요소입니다.

모든 위기는 동시에 새로운 기회가 될 수 있습니다. 승진 누락으로 좌절하기보다, '지금은 내가 부족한 부분을 채우고 더 단단해질 시간'이라고 생각할 수 있습니다. 상사의 질책을 성장의 피드백으로 받아들이고, 이를 통해 더 나은 성과를 보여줄 수 있습니다. 어려움을 단순한 고통으로 여기지 않고, 자신을 성장시키는 디딤돌로 삼는 긍정적인 관점의 전환이 중요합니다. 궁극적으로 직장 생활은 끊임없는 자기 성찰과 인내, 그리고 현명한 판단의 연속입니다. 모든 어려움이 퇴사를 의미하는 것은 아니지만, 때로는 용기 있는 결단이 새로운 기회를 가져다주기도 합니다. 중요한 것은 감정에 휘둘리지 않고 이성적으로 상황을 판단하며, 자신에게 가장 현명한 선택이 무엇인지 끊임없이 고민하는 것입니다.

임원이 주목하는 핵심

① 직장 생활의 인내는 예상치 못한 보상으로 돌아옵니다.
② 어려움을 피하려 이직하면 오히려 손해 볼 수 있습니다.
③ 현명한 인내란 문제 분석과 자기 능력 계발로 해결하는 것입니다.

회사 내 금기사항을
조심하고 또 조심하라

학교에서 성적만 잘 받으면 되는 줄 알았죠? 하지만 회사에서는 단순히 업무 능력만으로는 살아남기 어렵습니다. 특히 '말 한마디, 행동 하나'가 당신의 커리어에 치명적인 영향을 미칠 수 있는 '금기사항'들이 존재합니다. 마치 지뢰밭처럼 곳곳에 숨어있는 이 치명적인 실수를 피하지 못한다면, '인생 첫 회사'에서 제대로 망하고 '좀비'처럼 롱런은 커녕 조기 퇴근(?)을 하게 될 수도 있습니다. 직장 생활의 지혜는 이러한 금기 사항들을 미리 알고, 능동적으로 피하는 데 있습니다.

직장 내 뒷담화는 가장 흔하면서도 가장 치명적인 금기사항입니다. 아무리 친한 동료라도 험담은 삼가야 됩니다. 누구에 대한 험담이든, 당신이 그 소문의 시작점이 되거나 가담하는 것은 매우 위험합니다. 소문은 빠르게 퍼지고, 결국 당신에게도 피해를 줄 수 있습니다. 누가 들을지 모르는 공간에서는 어떤 험담도 삼가세요. 메신저나 이메일 기록도 영원히 남을 수 있다는 것을 명심해야 합니다. 상사에 대한 험담은 특히 치명적입니다. 이는 당신의 충성심을 의심받게 하고, 결국 당신의 커리어에 돌이킬 수 없는 상처를 남길 수 있습니다.

정보 보안은 모든 기업에서 가장 중요하게 생각하는 부분 중 하나입니다. 동료의 연봉, 개인적인 상황, 건강 문제 등 민감한 개인 정보는 아무리 친한 사이라도 다른 사람에게 함부로 이야기하지 마세요. 이는 신뢰를 깨뜨리는 행위입니다. 회사의 영업 비밀, 신제품 정보, 고객 데이터, 전략 등 중요한 회사 기밀은 어떤 경우에도 외부에 누설해서는 안 됩니다. 이는 법적 문제로 이어질 수 있는 중대한 범죄입니다. 메신저, 이메일, USB 등 모든 경로에서 주의하세요.

업무 실수나 잘못을 저질렀을 때, 변명으로 일관하기보다 솔직하게 인정하고 책임지는 모습을 보여야 합니다. 실수는 누구나 하지만, 그것을 통해 배우고 개선하려는 태도가 중요합니다. 사소한 거짓말이라도 들통 나면 당신의 신뢰도는 바닥으로 떨어집니다. 한 번 거짓말을 한 사람은 계속해서 거짓말을 할 것이라는 인상을 주게 됩니다.

업무 진행 상황이나 문제 발생 시에는 항상 투명하게 보고하세요. 불리한 상황이라도 솔직하게 보고하는 것이 나중에 더 큰 문제를 막는 길입니다. 회사는 혼자 일하는 곳이 아닙니다. 팀워크를 해치는 행동은 금기사항입니다. 자신의 업무가 아니라는 이유로 동료의 어려움을 외면하거나, 팀 프로젝트에 적극적으로 참여하지 않는 것은 이기적인 태도로 비칠 수 있습니다. 팀 프로젝트의 성공을 혼자만의 공으로 돌리거나, 동료의 기여를 무시하는 행위는 팀워크를 해치고 불화를 조장합니다. 지속적인 불평불만은 주변 사람들의 사기를 저하시키고, 당신을 부정적인 사람으로 만들 수 있습니다. 건설적인 비판은 필요하지만, 무의미한 불평은 피하세요. 지나친 웹 서핑, 개인적인 전화 통화, 사적인 메신저 사용

등 업무 시간에 사적인 활동에 몰두하는 것은 업무 집중도를 떨어뜨리고, 동료들에게 불쾌감을 줄 수 있습니다.

상사와의 관계는 당신의 직장 생활에 큰 영향을 미칩니다. 상사에게 반말을 하거나, 비꼬는 말투, 감정적인 언행 등은 절대 피해야 합니다. 존중하는 태도를 기본으로 합니다. 상사의 지시를 고의로 따르지 않거나, 같은 실수를 반복하여 상사의 업무를 가중시키는 것은 무능력하거나 불성실하다는 인상을 줍니다. 상사의 개인적인 부분에 대해 지나친 농담을 하거나, 사적인 경계를 침범하는 행동은 피해야 합니다. 존중과 거리를 유지하는 것이 중요합니다. 지나친 아첨이나 간신처럼 보이는 행동은 동료들의 신뢰를 잃게 하고, 상사에게도 진정성 없는 사람이라는 인상을 줄 수 있습니다.

임원이 주목하는 핵심

① 뒷담화, 말 옮기기 및 개인 정보 누설 등은 신뢰를 깨뜨리니 피해야 합니다.
② 업무상 실수를 솔직히 인정하고, 변명 대신 책임지는 자세가 중요합니다.
③ 팀워크를 해치는 이기적 행동, 아첨, 무의미한 불평을 피해야 합니다.

업무와 행사, 책임감 있게
완수하는 프로의 자세

　회사에서 인정받는다는 것은 어떤 의미일까요? 단순히 맡은 주된 업무만 뛰어나게 처리한다고 해서 모든 것이 해결되는 것은 아닙니다. 진정으로 인정받는 사람들은 자신의 핵심 업무뿐만 아니라, 때로는 사소하게 느껴질 수 있는 자잘한 행사나 잡무까지도 '내 일'처럼 꼼꼼히 챙기는 깊은 책임감을 보여줍니다. 이는 마치 '관심병' 환자처럼 나서서 일을 만드는 것이 아니라, 맡은 바를 완벽하게 해내며 주변의 신뢰를 얻는 과정입니다. 이런 모습은 단순히 주어진 일만 하는 직원이 아니라, 조직 전체의 목표 달성에 기여하려는 의지가 강한 프로페셔널임을 증명하는 결정적인 요소가 됩니다.

　아무리 머리가 좋고 기억력이 뛰어나다고 해도 모든 것을 완벽하게 기억할 수는 없습니다. 특히 업무량이 많아지거나 동시에 여러 가지 일을 처리해야 할 때는 작은 실수 하나가 전체 업무에 큰 영향을 미칠 수 있습니다. 이러한 실수를 줄이는 가장 좋은 방법은 바로 기록하고 확인하는 습관을 들이는 것입니다. 구두로 전달받은 지시든, 메신저로 받은 요청이든, 중요도와 상관없이 모든 내용을 즉시 메모하는 습관을 들이세요. 스마트폰 메모 앱, 작은 수첩, 포스트잇, 혹은 디지털 노트 앱 등 자신에게 가장 편리하고 접근성이 좋은 도구를 활용하여 모든 정보를 체계적으로 기록해야 합니다. 이렇게 기록된 내용은 단순한 정보 저장을 넘어, 당신의 기억을 보조하고 누락을 방지하는 강력한 도구가 됩니다.

중요한 업무나 행사 준비를 할 때는 반드시 체크리스트를 만드는 것이 필수입니다. 회의 준비물부터 외부 손님을 위한 다과 준비, 행사 진행 순서의 세부 항목까지, 작은 항목 하나하나까지 빠짐없이 기록하고, 완료될 때마다 체크하며 누락을 방지해야 합니다. 이 체크리스트는 당신의 업무 가이드라인이자 최종 점검표 역할을 할 것입니다. 예를 들어, 대규모 행사를 준비할 때는 '장소 예약 완료', '음향 장비 테스트 완료', '발표 자료 최종본 취합', '참석자 명단 확정', '기념품 포장 완료' 등 세분화된 항목들을 나열하고 각각의 완료 여부를 표시하는 거죠. 이런 습관은 복잡한 업무도 체계적으로 관리하고, 예측 불가능한 변수에도 침착하게 대응할 수 있는 기반을 마련해줍니다.

또한, 중요한 문서 발송 전, 보고서 제출 전, 행사 준비물 확인 전에는 반드시 한 번 더 확인하는 습관을 들이세요. 이중 삼중의 확인 과정은 실수를 최소화하는 가장 효과적인 방법입니다. 가능하다면 동료나 상사에게도 검토를 요청하는 것이 좋습니다. 다른 사람의 시선은 당신이 놓칠 수 있는 부분을 발견하는 데 큰 도움이 됩니다. 이런 요청은 당신이 완벽을 추구하며 겸손하게 피드백을 수용하는 프로페셔널임을 보여주는 증거이기도 합니다. 모든 업무와 행사의 마감 기한을 명확히 기록하고, 데드라인보다 최소 하루이틀 먼저 마무리하려는 습관을 들이는 것도 중요합니다. 촉박한 마감은 심리적 압박감을 증가시켜 실수로 이어질 확률이 높습니다. 충분한 시간을 두고 업무를 마치는 것은 최종 검토 시간을 확보하고, 예상치 못한 문제가 발생했을 때 대처할 여유를 제공하며, 당신의 시간 관리 능력을 입증하는 방법이 됩니다.

누군가 시키기 전에 먼저 나서서 필요한 것을 챙기는 태도는 당신의 책임감을 강력하게 어필합니다. 이는 단순히 '관심을 받고 싶어 하는' 관심병이 아닌, 진정한 '센스 있는 책임감'입니다. '내가 뭘 도와드릴 수 있을까?'라는 질문을 항상 마음속에 품고 주변을 살피는 것이 중요합니다. 회의 준비, 행사 세팅, 외부 손님 응대 등 자신의 주된 업무가 아니더라도 주변에 도움이 필요한 부분이 없는지 먼저 살피는 습관을 들이세요. "제가 도와드릴 일 없을까요?"라고 먼저 묻는 적극성은 좋은 인상을 남기며, 당신이 팀의 일원으로서 기꺼이 기여하려는 의지가 있음을 보여줍니다.

업무나 행사를 진행할 때 발생할 수 있는 잠재적인 문제를 미리 예측하고 대비하는 능력은 당신의 탁월한 위기관리 능력을 보여줍니다. 예를 들어, 중요한 회의실 예약 시 필요한 기자재(빔 프로젝터, 마이크, 스피커 등)가 제대로 작동하는지 미리 확인하고, 여분 배터리나 연결 케이블 등을 준비하는 식입니다. 외부 인사가 방문할 경우, 방문객의 동선과 편의(주차 공간, 대기 장소, 식사 선호도 등)를 미리 체크하여 불편함이 없도록 세심하게 준비하는 것도 필요합니다. 예상치 못한 상황에 대한 철저한 대비는 당신의 빈틈없고 꼼꼼한 성격을 드러내며, 모두에게 신뢰를 줍니다.

 모르는 것이나 확실하지 않은 것은 혼자 끙끙 앓기보다, 과감하게 질문하세요. 질문은 곧 배우려는 의지의 표현이며, 실수를 줄이는 가장 좋은 방법입니다. 추측이나 잘못된 정보로 업무를 진행하는 것보다, 초기에 정확한 정보를 확인하는 것이 훨씬 효율적입니다. 상사나 선배들은 당신의 질문을 통해 당신이 업무에 대한 열의를 가지고 있으며, 정확성을 중요하게 생각한다고 판단할 것입니다.

 마지막으로, 행사가 끝나거나 프로젝트가 완료되면, 관련된 사람들에게 "수고 많으셨습니다", "잘 마쳤습니다"와 같이 감사의 인사를 전하는 것도 좋습니다. 이처럼 끝까지 책임감을 가지고 업무를 마무리하고 관계자들에게 감사 인사를 전하는 것은 당신의 프로페셔널리즘을 완성하는 중요한 단계입니다.

임원이 주목하는 핵심

① 책임감 있는 프로는 주된 업무 외 사소한 일도 챙깁니다.
② 모든 업무를 기록하고, 이중 확인하는 습관이 중요합니다.
③ 주변을 돕고 소통하며 적극적으로 피드백을 수용하세요.

선배들의 찐 노하우를
놓치지 마라

　스펙으로는 결코 배울 수 없었던, 오직 경험으로만 터득할 수 있는 '찐 노하우'들이 곳곳에 숨어있죠. 우리는 흔히 이 과정을 '맨땅에 헤딩'하며 배우곤 합니다. 수많은 시행착오를 겪으며 때로는 좌절하고 때로는 성장하는 것이 사회생활의 본질처럼 느껴지기도 합니다. 하지만 이 모든 시행착오를 줄이고 더 현명하게 나아갈 수 있는 비법이 있다면 어떨까요? 바로 당신보다 먼저 회사라는 정글을 헤쳐 나간 선배들이 말해주는 '사회생활을 하면서 꼭 해야 할 일'들을 아는 것입니다. 이들의 생생한 경험에서 우러나온 노하우들을 제대로 익힌다면, 당신은 단순히 주어진 업무를 해내는 것을 넘어 능동적으로 커리어를 개척하고 롱런하는 현명한 직장인이 될 수 있습니다. 선배들의 지혜는 단순한 조언을 넘어, 당신의 직장생활을 위한 가장 확실하고 든든한 나침반이 되어줄 것입니다.

　회사에는 문서화되지 않은 암묵적인 규칙이나 문화가 생각보다 많습니다. 공식적인 사규나 업무 매뉴얼에는 없는, '이렇게 하는 것이 관례다'

혹은 '이런 행동은 조심해야 한다'와 같은 비공식적인 정보들이죠. 선배들은 이러한 '회사 내 금기사항'이나 '숨겨진 업무 프로세스', '특정 상사의 업무 스타일', '회식 자리에서의 분위기 파악법' 등 외부에서는 알 수 없는 귀중한 정보를 알려줄 수 있습니다. 이러한 선배들의 '찐 노하우'를 효과적으로 내 것으로 만들기 위해서는 몇 가지 노력이 필요합니다.

첫째, 적극적인 질문과 경청으로 노하우 흡수하기입니다. 선배들의 '찐 노하우'를 효과적으로 내 것으로 만들기 위한 첫걸음은 적극적인 질문과 경청하는 자세입니다. 모르는 것이 있다면 주저하지 말고 선배들에게 질문해야 합니다. "이건 왜 이렇게 해야 하나요?", "이런 상황에서는 어떻게 대처해야 할까요?"와 같이 구체적인 질문은 선배의 경험과 지혜를 끌어내는 데 매우 효과적입니다. 단순히 "이거 어떻게 해요?"라고 묻기보다, 스스로 충분히 고민한 후 질문하는 태도를 보여주면 선배도 당신의 질문에 더욱 진정성 있는 답변을 해줄 것입니다. 이때 중요한 것은 단순히 듣는 것을 넘어, 선배의 조언을 진심으로 경청하고 그들의 경험을 내 상황에 비추어 적용해 보려는 노력을 기울이는 것입니다. 이러한 적극적인 학습 의지는 당신이 빠르게 성장하고 있음을 보여주는 증거가 됩니다.

둘째, 신뢰를 기반으로 한 관계 형성 노력입니다. 선배들의 노하우를 얻기 위해서는 긍정적인 관계를 형성하는 노력이 필수적입니다. 관계가 돈독해질수록 선배들은 더욱 기꺼이 자신의 경험과 지혜를 나눠주기 때문입니다. 평소 존중하고 예의를 갖추는 것은 물론, 업무 외적인 부분에서도 인간적인 교류를 시도해 보세요. 점심 식사를 함께하거나, 가벼운 이야기를 나누며 친밀감을 쌓는 것이 좋습니다. 관계 형성은 단기간에 이루어지는 것이 아니므로, 꾸준히 시간을 투자하며 신뢰를 쌓아가는 것이 중요합니다. 업무에 대한 열정과 더불어 인간적인 매력까지 보여준다면, 선배들은 당신을 아끼는 후배로 여기며 아낌없이 노하우를 전수해 줄 것입니다.

셋째, 배운 것을 적용하고 피드백 요청하기입니다. 선배에게 들은 조언을 듣고 끝내는 것이 아니라, 실제 업무에 적용해 보고 그 결과에 대해 다시 피드백을 요청하는 것은 당신의 학습 의지를 보여주는 매우 좋은 방법입니다. "선배님 말씀대로 해보니 이렇게 되었습니다. 혹시 이 부분에서 더 개선할 점은 없을까요?"와 같은 질문은 당신이 진심으로 배우고 성장하려 한다는 인상을 심어줄 것입니다. 이는 선배에게 당신이 단순히 정보만 얻고 끝내는 것이 아니라, 그들의 조언을 소중히 여기고 있음을 보여줍니다. 또한, 이러한 과정을 통해 당신은 자신의 부족한 점을 더 객관적으로 파악하고, 실질적인 성장 기회를 얻게 됩니다. 선배의 시간을 존중하는 것 역시 중요한 부분입니다. 질문하기 전에 스스로 충분히 고민하고, 질문 내용을 미리 정리하는 등 효율적인 소통을 위해 노력해야 합니다.

넷째, 선배의 시간을 존중하는 현명한 태도입니다. 선배들의 노하우를 얻는 과정에서 그들의 시간을 존중하는 현명한 태도를 보여주는 것이 매우 중요합니다. 선배들도 각자의 업무가 있고 바쁜 일상을 보냅니다. 따라서 너무 자주 질문하거나 불필요한 내용으로 그들의 시간을 뺏지 않도록 주의해야 합니다. 질문하기 전에 스스로 충분히 고민하고, 답을 찾기 위해 노력한 흔적을 보여주는 것은 당신의 성실함을 증명하는 길입니다. 또한, 질문 내용을 미리 정리하여 핵심만 간결하게 전달하는 것이 좋습니다. 만약 선배가 바빠 보인다면 "지금 괜찮으신 시간에 여쭤봐도 될까요?"와 같이 먼저 양해를 구하는 센스도 필요합니다. 이러한 태도는 당신이 단순한 질문자가 아니라, 선배의 상황을 배려하고 존중하는 성숙한 후배라는 인상을 남길 것입니다.

결국, 선배들의 '찐 노하우'는 당신의 시행착오를 줄이고, 암묵적 지식을 습득하며, 긍정적인 관계를 구축하고, 위기 대처 능력을 향상시키며, 심리적 안정감까지 제공하여 성공적인 직장 생활을 위한 필수적인 지혜입니다. 이 귀한 지식들을 잘 활용하여 당신의 커리어를 한 단계 더 성장시키고, 험난한 사회생활 속에서도 흔들림 없이 나아가는 현명한 직장인이 되기를 바랍니다. 언젠가 당신도 후배들에게 귀한 노하우를 전수해주는 멋진 선배가 될 수 있을 것입니다.

임원이 주목하는 핵심

① 선배 노하우는 업무 효율의 지름길입니다.
② 질문과 경청으로 신뢰 관계를 만드세요.
③ 배운 것을 적용해 성장 의지를 보여주세요.

8

협업으로 시너지를 내는 법

회사에 처음 입사하면 대부분의 신입 직원들은 '내 업무만 잘하면 되겠지'라고 생각하기 쉽습니다. 맡은 일에만 몰두하고, 다른 부서나 동료들의 일에는 무관심하기 일쑤죠. 하지만 회사는 당신의 생각보다 훨씬 더 유기적으로 연결된 거대한 생명체와 같습니다. 마치 사람의 몸에서 심장, 폐, 뇌가 각자의 역할을 하면서도 서로 긴밀하게 협력해야 생명을 유지하듯이, 회사 역시 각 부서와 개인이 긴밀하게 협업해야 제대로 돌아갑니다. '나 혼자 산다'는 마인드로는 결코 직장에서 '롱런'할 수 없습니다. 회사 조직을 이해하고 유기적인 협업의 중요성을 아는 것이 성공적인 커리어를 위한 필수적인 지혜입니다.

회사는 단순히 여러 부서가 모여있는 집합체가 아닙니다. 각 부서는 고유의 목표와 역할을 가지고 있지만, 궁극적으로는 회사의 전체 목표 달성을 위해 존재합니다. 마케팅 부서가 고객의 니즈를 파악하고, 개발 부서가 제품을 만들며, 영업 부서가 이를 판매하고, 인사 부서가 인재를 지원하는 이 모든 과정이 마치 톱니바퀴처럼 맞물려 돌아가야 합니다.

어느 한 부서라도 제 기능을 하지 못하거나 협업에 문제가 생기면, 전체 시스템이 흔들릴 수 있습니다.

예를 들어, 마케팅 부서가 시장 조사를 제대로 하지 못해 잘못된 고객 정보를 전달한다면, 개발 부서는 엉뚱한 제품을 만들게 되고, 결국 영업 부서는 팔 수 없는 제품을 들고 고군분투하게 됩니다. 이 모든 과정은 개별 부서의 문제인 동시에 회사 전체의 문제입니다. 따라서 내 업무의 성과가 다른 부서에 어떤 영향을 미치는지, 그리고 다른 부서의 성과가 내 업무에 어떻게 연결되는지를 이해하는 것이 중요합니다. 넓은 시야를 가지고 회사 전체의 목표를 향해 나아가는 것이 유기적인 협업의 첫걸음입니다.

오늘날 비즈니스 환경은 그 어느 때보다 복잡하고 빠르게 변화합니다. 혼자서는 감당하기 어려운 과제가 많아졌고, 다양한 전문성을 가진 사람들이 모여야만 혁신적인 결과를 만들어낼 수 있습니다. 이러한 시대에 협업은 더 이상 '하면 좋은 것'이 아니라, 조직의 생존과 성장을 위한 필수적인 전략이 되었습니다.

서로의 강점을 살리고 약점을 보완하며 시너지를 창출하는 것이 협업의 핵심입니다. 한 명이 100%의 능력을 발휘하는 것보다, 열 명이 각자 10%의 능력을 협력하여 200%의 결과를 만들어내는 것이 훨씬 더 강력합니다. 이러한 협업은 문제 해결 능력을 향상시키고, 창의적인 아이디어를 촉진하며, 궁극적으로는 조직 전체의 생산성을 극대화합니다.

회사의 CEO, 부서장, 팀장 등 리더들은 조직원들이 협업하여 서로 돕고 이끌어 주면서 성과를 내는 과정을 가장 높이 평가합니다. 혼자서 아무리 뛰어난 역량을 가졌더라도 독선적으로 일하거나 팀워크를 해치는 사람은 조직에 해가 될 수 있기 때문입니다. 리더들은 다음과 같은 인재를 선호합니다.

자신의 의견을 명확히 전달하고, 동시에 동료들의 의견을 경청하며 존중하는 사람, 자신이 가진 지식이나 경험을 기꺼이 공유하고, 필요할 때는 주저 없이 도움을 요청하는 사람, 의견 충돌이 생겼을 때 감정적으로 대응하기보다, 문제 해결을 위해 이성적으로 논의하고 합의점을 찾아가는 사람, 어려움 속에서도 긍정적인 태도를 유지하며, 동료들에게 좋은 에너지를 전달하는 사람을 선호합니다.

반대로, 혼자서만 잘났다고 생각하며 독선적으로 행동하는 사람, 자신의 성과만을 고집하며 다른 사람을 배려하지 않는 사람은 조직에서 가장 기피하는 유형입니다. 이러한 태도는 팀의 사기를 저하시키고, 결국 개인의 성과에도 부정적인 영향을 미치기 때문입니다. 아무리 뛰어난 개인이라도 조직 전체의 목표 달성에 기여하지 못한다면, 그 가치는 제한적일 수밖에 없습니다.

직장 생활에서 성공하고 싶다면, '내 일'이라는 울타리를 넘어 '우리 조직의 일'이라는 넓은 시야를 가져야 합니다. 능동적으로 소통하고, 기꺼이 협력하며, 동료들과 함께 성장하려는 자세야말로 당신의 커리어를 더욱 빛나게 할 것입니다.

> **임원이 주목하는 핵심**
> ① 내 업무만 잘하겠다는 생각에서 벗어나세요.
> ② 협업은 문제 해결, 창의성 향상에 필수입니다.
> ③ 리더는 팀워크를 내는 인재를 선호합니다.

신입사원부터 CEO까지
1/N 지분 마인드

회사라는 거대한 유기체에 첫발을 내딛는 순간, 우리는 흔히 '을'의 위치에 서 있다고 느끼기 쉽습니다. 특히 사회 초년생이라면 더욱 그렇습니다. 눈에 보이는 직급의 차이, 쌓여온 경력의 무게, 그리고 알 수 없는 회사 내부의 복잡한 역학 관계까지, 이 모든 것들이 신입사원을 작아지게 만드는 요인으로 작용합니다. 하지만 잠시 멈춰 서서 이 당연하게 여겨지는 생각의 틀을 깨뜨릴 필요가 있습니다.

첫 출근의 주눅은 어쩌면 당연한 감정입니다. 낯선 환경, 새로운 사람들, 그리고 '잘해야 한다'는 압박감 속에서 위축되는 것은 인지상정이죠. 그러나 이 중요한 사실을 잊어서는 안 됩니다. 당신은 이 회사의 정당한 구성원이며, 고용보험에 가입된 모든 직원과 동등하게 회사의 1/N 지분을 가진 존재라는 점입니다. 여기서 말하는 '지분'은 단순히 주식의 개념을 넘어섭니다. 그것은 이 조직의 일원으로서 갖는 권리이자 책임, 그리고 기여할 수 있는 잠재력을 의미합니다. 당신은 하인이 아니라, 스스로의 가치를 지닌 당당한 주체입니다. 단지 업무에 대한 이해와 경험이 부족하기 때문에 직급이 낮고 연봉이 적을 뿐입니다.

선배나 상사들은 당신보다 훨씬 많은 연봉과 대우를 받습니다. 이는 그들의 오랜 경험과 숙련된 능력에 대한 정당한 보상입니다. 그러나 동시에, 그만큼 회사에 더 많은 기여를 해야 할 책임을 지고 있다는 방증이기도 합니다. 신입사원인 당신이 받는 대우와 선배들이 받는 대우를 냉정하게 비교해 보세요. 그리고 그 차이를 '기여도'라는 잣대로 환산해 보면, 결국 당신과 선배들이 회사에 기여해야 할 '몫'은 그리 다르지 않음을 알 수 있을 겁니다. 같은 회사에서 같은 목표를 향해 나아가는 동등한 팀원이라는 사실은 변함없습니다.

'나는 이 조직에서 너무 작은 존재야'라는 생각은 당신의 잠재력을 가두는 가장 큰 함정입니다. 스스로를 부족하다고 자책할 필요는 전혀 없습니다. 당신은 능력이 부족하거나 입사한 지 얼마 되지 않았다고 해서 의견을 제시할 수 없는 존재가 아닙니다. 회사의 문제점을 발견했을 때, 더 나은 방향을 제시할 수 있는 아이디어가 있을 때, 당신은 동등한 1/N의 지분을 가진 구성원으로서 당당하게 목소리를 낼 수 있습니다.

물론, 신입사원으로서 미숙한 부분이 있을 수 있습니다. 하지만 이는 자연스러운 성장 과정의 일부입니다. 중요한 것은 그 미숙함을 인정하고, 배우고, 발전하려는 의지입니다. 업무적으로 궁금한 점이 있다면 주저하지 말고 선배들에게 묻고 배워야 합니다. 질문은 당신의 무능함을 드러내는 것이 아니라, 적극적으로 배우고 성장하려는 의지를 보여주는 행동입니다.

신입사원이 주눅 들기 시작하면, 선배들은 답답함을 느끼거나 관계가 더욱 어려워질 수 있습니다. 이는 서로에게 도움이 되지 않습니다. 당당하게 자신의 생각을 이야기하고, 필요한 부분을 요구하는 것은 결코 건방진 행동이 아닙니다. 오히려 건강한 관계 형성을 위한 필수적인 요소입니다. 업무 외적으로 스트레스를 받거나 부당하다고 느끼는 부분이 있다면, 정중하지만 단호하게 이야기해야 합니다. 당신은 동등한 구성원이기에, 당신의 인격과 감정 또한 존중받을 권리가 있습니다. 침묵은 상황을 개선하는 데 아무런 도움이 되지 않습니다. 오히려 불만과 오해를 쌓아 자신만을 힘들게 만들 뿐입니다.

만약 이직 후 3개월이 지났음에도 불구하고, 본인의 처우에 비해 회사 기여도가 떨어진다고 느껴진다면, 그때는 이야기가 달라집니다. 이는 개인이 노력해서 개선해야 할 부분이 명확해지는 시점입니다. 하지만 그전까지는, 당신이 가진 1/N의 가치를 믿고, 당당하게 조직의 일원으로서 존재해야 합니다. 회사는 거대한 톱니바퀴와 같습니다. CEO부터 신입사원까지, 모든 톱니바퀴가 제 역할을 다해야만 회사는 원활하게 움직일 수 있습니다. 당신은 그 톱니바퀴 중 하나이며, 당신의 역할과 가치는 결코 작지 않습니다. 스스로를 귀하게 여기고, 당신의 지분을 당당하게 행사하세요. 그것이 곧 당신의 성장이며, 회사의 성장으로 이어질 것입니다.

임원이 주목하는 핵심

① 신입도 CEO와 동등한 회사의 주체입니다.
② 주눅 들지 말고 당당하게 의견을 제시하세요.
③ 스스로의 가치를 믿고 책임감을 행사하세요.

자기 관리 루틴 만들기

　직장 생활은 단순히 주어진 업무를 처리하는 것을 넘어섭니다. 길고 긴 커리어 여정에서 꾸준히 성장하고 성공하기 위해서는 자기 관리가 필수적입니다. 특히, 효율적인 자기 관리는 단발적인 노력이 아니라 일상생활 속에 견고한 루틴을 만들어 체득화될 때 비로소 강력한 힘을 발휘합니다. 자기 관리가 잘 되는 사람은 업무 효율이 높을 뿐만 아니라 스트레스 관리에도 능숙하며, 어떤 환경에서도 자신의 역량을 최대한 발휘할 수 있습니다. 직장 생활에서 자기 관리는 개인의 성과와 직결될 뿐만 아니라, 장기적인 커리어 발전의 기반이 됩니다. 자기 관리를 효과적으로 실천하기 위해서는 의지에만 의존하는 것이 아니라, 일상생활 속에 자연스럽게 스며드는 루틴을 만드는 것이 중요합니다. 습관은 의식적인 노력이 필요 없기 때문입니다. 자신만의 자기 관리 루틴을 만들 수 있는 세 가지 주요 영역을 살펴보겠습니다.

　첫째, 성공적인 하루를 위한 아침 루틴입니다. 성공적인 하루는 아침에 결정된다고 해도 과언이 아닙니다. 자신에게 맞는 아침 루틴을 만들어 꾸준히 실천하면, 하루를 활기차고 주도적으로 시작할 수 있습니다. 먼저, 주말에도 가능한 한 비슷한 시간에 일어나는 것이 생체 리듬을 규칙적으로 유지하는 데 도움이 됩니다. 규칙적인 기상은 밤잠의 질을 높이고, 아침에 더 개운함을 느끼게 합니다. 기상 후 바로 업무나 외부 활동에 몰입하기보다, 잠시 '나'에게 집중하는 시간을 갖는 것이 좋습니다. 명상, 가벼운 스트레칭, 독서, 따뜻한 차 한 잔 등 짧게라도 자신을 위한 시간을 가지면 마음의 평온을 찾고 긍정적인 에너지를 충전할 수 있습니다. 간단한 아침 운동이나 스트레칭을 하는 것도 좋은 방법입니다. 잠들어 있던 몸을 깨우고 혈액순환을 돕는 가벼운 운동은 신체 활력을 높이고 하루 종일 에너지를 유지하는 데 효과적입니다. 출근 전 짧게라도 몸을 움직이는 습관을 들여보세요.

둘째, 업무 시간 중 현명한 감정 관리 루틴입니다. 직장 생활은 때로 지루하고 힘들 수 있지만, 업무 시간 속에서 자신만의 즐거움을 찾고 긍정적인 태도를 유지하는 것이 중요합니다. 동시에 감정을 현명하게 조절하는 루틴을 만들어야 합니다. 모든 업무가 재미있을 수는 없습니다. 하지만 작은 단위로 업무를 쪼개어 하나씩 완료할 때마다 스스로에게 칭찬하고 성취감을 느껴보세요. '오늘 이 서류를 다 마쳤어!', '이 보고서까지 끝내면 점심시간이야!'와 같이 긍정적인 목표를 설정하고 달성하며 일하는 즐거움을 찾아볼 수 있습니다. 업무 중에도 동료들과 가벼운 대화를 나누거나, 작은 칭찬을 건네는 것은 분위기를 부드럽게 만드는 데 도움이 됩니다.

힘든 업무를 함께 해내는 동료에게 감사함을 표현하는 것도 좋습니다. 긍정적인 관계 속에서 일할 때 업무의 피로도는 줄어들고 즐거움은 커집니다. 직장에서는 예기치 않은 문제나 스트레스 상황이 발생하여 감정이 격해질 수 있습니다. 이럴 때는 바로 반응하기보다 '잠시 멈춤' 루틴을 만들어 보세요. 심호흡을 몇 번 하거나, 잠시 자리를 떠나 차 한 잔을 마시며 감정을 가라앉히는 시간을 갖는 겁니다. 화를 내기 전에 한 번 더 생각하고, 문제 해결에 집중하는 습관은 동료 관계를 원만하게 유지하고 불필요한 갈등을 줄이는 데 큰 도움이 됩니다. 어려운 상황에서도 '이 또한 지나가리라', '나는 이 문제를 해결할 수 있다'와 같은 긍정적인 자기 암시를 걸어보세요. 긍정적인 태도는 업무 스트레스를 완화하고, 문제 해결에 대한 의지를 높여줍니다.

셋째, 퇴근 후 재충전과 자기 발전 루틴입니다. 업무 시간 외의 시간은 단순히 쉬는 것을 넘어 재충전과 자기 발전을 위한 중요한 시간입니다. 이러한 시간을 어떻게 활용하느냐에 따라 다음 날의 활력과 장기적인 성장이 결정됩니다. 퇴근 후에는 업무와 관련된 생각을 최소화하고, 취미 활동이나 가족과의 시간 등 자신을 위한 진정한 휴식을 취해야 합니다. 스마트폰 사용을 줄이고, 좋아하는 음악을 듣거나 운동을 하며 스트레스를 해소하는 시간을 갖는 것이 좋습니다. 일주일에 최소 3회 이상 규칙적인 운동을 통해 체력을 관리하고, 스트레스를 해소하며, 숙면을 유도합니다. 운동은 육체적 건강뿐만 아니라 정신 건강에도 큰 긍정적인 영향을 미칩니다. 또한, 관심 분야의 책을 읽거나 온라인 강의를 듣는 등 꾸준히 배우고 성장하는 시간을 갖습니다.

이는 업무 역량을 강화할 뿐만 아니라, 새로운 아이디어를 얻고 시야를 넓히는 데 도움이 됩니다. '퇴근 후 나를 위한 투자'는 장기적인 커리어 발전에 필수적입니다. 하루 7~8시간의 충분하고 질 좋은 수면은 다음 날 컨디션과 업무 효율에 직접적인 영향을 미칩니다. 잠자리에 들기 전 스마트폰 사용을 자제하고, 편안한 환경을 조성하여 숙면을 유도하는 것이 중요합니다. 직장 생활에서 자기 관리는 단거리 경주가 아닌 마라톤과 같습니다. 순간적인 의지보다는 꾸준히 실천할 수 있는 일상 속의 작은 루틴들이 쌓여 단단한 기반을 만듭니다. 이 루틴들을 통해 당신은 더욱 건강하고, 현명하며, 생산적인 직장인으로 성장할 수 있을 것입니다. 지금 당장 작은 루틴 하나부터 시작해 보세요. 당신의 커리어가 어떻게 변화하는지 직접 경험하게 될 것입니다.

임원이 주목하는 핵심

① 효율과 성장을 위해 자기 관리 루틴은 필수입니다.
② 아침엔 자신에게, 업무 중엔 감정 관리에 집중하세요.
③ 퇴근 후엔 재충전과 수면을 확보해야 합니다.

경제적 자유, 재테크로 시작하기

　직장 생활을 시작하면서 재테크는 선택이 아닌 필수가 되었습니다. 자본주의 사회를 살아가는 우리는 누구나 경제적으로 자유로운 삶을 꿈꿉니다. 같은 직장에서 근무하는 동료, 선배, 상사들 사이에서도 경제적으로 여유로운 사람에게 더 관심이 가고 가까이 다가가려는 것은 인지상정입니다. 재테크를 일찍 시작한 사람과 늦게 시작한 사람의 퇴직 시 자산 규모는 엄청난 차이를 보입니다. 단순히 월급과 연금에만 의존하는 삶과 재테크를 통해 은퇴 후에도 임대 수익 등 다양한 파이프라인을 구축하여 풍요로운 노후를 보내는 삶은 그 격차가 매우 큽니다. 이러한 심리적, 경제적 현실을 직시하고 현명한 재테크 전략을 세우는 것이 중요합니다. 직장인의 재테크는 단순히 부자가 되기 위함이 아닙니다. 여러 측면에서 우리의 삶과 미래에 지대한 영향을 미칩니다.
　직장인의 재테크는 단순히 부자가 되기 위함이 아닙니다. 재테크는 우리의 삶과 미래에 지대한 영향을 미칩니다. 돈 걱정에서 벗어나는 것은 심리적으로 큰 안정감을 가져다줍니다. 경제적 여유가 있는 사람은 직장 내에서도 스트레스가 적고, 의사 결정에 있어서도 더 유연하며 자신감 있는 모습을 보이는 경향이 있습니다. 이는 직장 생활의 만족도뿐만 아니라 대인 관계에도 긍정적인 영향을 미칠 수 있습니다.

재테크는 월급만으로는 물가 상승률을 따라잡기 어렵고 노후 준비 또한 요원한 현실에서 경제적 자유를 향한 가장 현실적인 길입니다. 내 돈이 스스로 일하게 해 자산을 증식시키고, 장기적으로는 근로 소득 외의 소득원을 확보하여 경제적 자유에 도달할 수 있는 가장 효과적인 수단이기도 합니다. 또한, 재테크는 은퇴 후 삶의 질을 결정짓습니다. 월급과 연금만으로 생활하는 경우와 재테크를 통해 임대 수익, 배당금 등 다양한 형태로 꾸준한 수입을 창출하는 경우는 은퇴 후 삶의 질에서 비교할 수 없을 만큼 큰 차이를 보입니다.

재테크는 막연하게 느껴질 수 있지만, 몇 가지 원칙을 가지고 꾸준히 실천한다면 누구나 성공할 수 있습니다. 가장 먼저, '언제까지 얼마의 돈을 모으겠다'라는 구체적인 목표를 세우고, 그 목표를 달성하기 위한 장기적인 계획을 수립해야 합니다. 재테크의 시작은 '종잣돈'을 마련하는 것입니다. 이를 위해 먼저 자신의 수입과 지출을 정확히 파악하고, 불필요한 지출을 줄이는 습관을 들여야 합니다. 가계부를 작성하거나 예산 계획을 세우는 것이 효과적입니다. '선 저축 후 소비' 원칙을 지켜 매달 일정 금액을 먼저 저축 계좌로 옮기는 습관을 들이세요. '한 바구니에 모든 달걀을 담지 마라'는 투자 격언처럼, 모든 자산을 한 곳에 집중 투자하는 것은 매우 위험합니다. 주식, 채권, 부동산, 펀드 등 다양한 자산에 나누어 투자하는 분산 투자를 통해 위험을 분산하고 안정적인 수익을 추구해야 합니다.

재테크의 중요성만큼이나 중요한 것은 무리한 투자를 지양하는 것입니다. 단기간에 큰 수익을 얻으려는 욕심은 오히려 큰 손실로 이어질 수 있습니다. 특히, 감당할 수 없는 빚을 내어 투자하는 것은 투기가 될 수 있습니다. 전세 보증금이나 생활 자금을 무리하게 끌어모아 투자하는 것은 패가망신으로 가는 지름길입니다. 항상 여유 자금으로 투자해야 하며, 자산에 '영혼까지 끌어모아' 투자하는 것은 시장 상황이 나빠졌을 때 심각한 위기에 직면할 수 있습니다. '누가 대박 났다더라'와 같은 소문이나 단기적인 유행에 휩쓸려 섣불리 투자하는 것은 매우 위험합니다. 자신만의 원칙과 기준을 가지고 신중하게 투자 결정을 내려야 합니다. 직장 생활의 시작은 재테크의 시작이기도 합니다. 젊을 때부터 현명한 재테크 습관을 들이고 꾸준히 실천한다면, 당신은 분명 경제적 자유를 향한 길에 한 걸음 더 다가갈 수 있을 것입니다.

임원이 주목하는 핵심

① 재테크는 경제적 자유를 위한 필수 생존 전략입니다.
② '선 저축 후 소비'로 종잣돈을 마련하세요.
③ 분산 투자와 장기적인 안목이 중요합니다.

12

외부 활동, 이미지를 관리하는 법

　직장 생활에서 사무실 밖 활동은 단순한 친목을 넘어 당신의 커리어를 업그레이드시킬 수 있는 소중한 기회입니다. 특히 골프, 등산, 달리기 등 회사 사람들과 함께하는 여가 활동은 당신의 품격과 센스를 보여줄 수 있는 중요한 자리입니다. '놀면서 일하기'는 대충 시간을 보내는 것이 아니라, 당신의 진면목을 드러내고 비즈니스 관계를 확장하는 고도의 기술입니다. 이러한 활동을 통해 당신은 업무 능력 외에 유머 감각, 배려심, 스포츠맨십 등 당신의 인간적인 매력을 보여줄 수 있습니다. 이는 상대방에게 당신을 더욱 긍정적이고 기억에 남는 사람으로 각인시키는 기회이며, 함께 땀 흘리고 웃으며 대화하는 과정은 사무실에서 얻기 힘든 친밀감과 신뢰를 쌓게 합니다. 회사 사람들과 함께하는 외부 활동에서는 단순히 실력이나 유머 감각만으로 인정받는 것이 아닙니다. 상황에 맞는 세심한 배려와 에티켓이 당신을 돋보이게 합니다. 다음 '찐 노하우'들을 기억하여 비즈니스 관계 확장 달인이 되어봅시다.

　어떤 외부 활동이든 준비성 없는 모습은 무책임함으로 비칠 수 있습니다. 함께할 상대방(상사, 동료 등)의 성향, 취미, 관심사 등을 미리 파악해 대화 주제를 준비하는 것은 당신의 세심함을 보여주는 출발점입니다. 그들의 관심사에 대한 기본적인 지식만 갖춰도 대화가 훨씬 풍부해집니다. 또한, 골프, 등산, 달리기 등 활동에 대한 기본적인 룰, 매너, 용어 등을 미리 숙지하는 것이 좋습니다. '초보입니다'라고 말하더라도, 최소한의 지식과 이해를 보여주는 것은 상대방에 대한 존중의 표시입니다. 활동에 적합한 복장과 필요한 준비물을 미리 확인하고 깔끔하게 준비하세요. 복장 예절은 첫인상에 큰 영향을 미칩니다. 예를 들어, 등산이라면 기능성 의류와 신발, 충분한 물과 간식을 챙기고, 골프라면 깔끔한 골프 복장을 갖추는 것이 기본입니다. 이러한 철저한 준비성은 당신이 사적인 자리에서도 맡은 바에 최선을 다하는 사람임을 보여줍니다.

외부 활동은 당신의 실력을 뽐내는 자리가 아닙니다. 상대방을 배려하고 존중하는 태도가 가장 중요합니다. 상대방의 컨디션을 살피고, 실수를 해도 진심으로 격려하며, 잘했을 때는 진심으로 칭찬하는 자세가 필요합니다. 이는 상대방에게 안정감을 주고 당신에게 호감을 갖게 합니다. 또한, 상대방 이야기에 귀 기울이고, 적절한 리액션과 질문으로 대화에 적극적으로 참여하세요. 당신 이야기만 늘어놓거나 대화를 독점하는 것은 피해야 합니다. 어떤 상황에서도 불평하거나 짜증 내는 모습을 보이는 것은 좋지 않습니다. 긍정적이고 유연한 태도를 유지하는 것이 중요합니다. 겸손함 역시 핵심 덕목입니다. 자신감을 가지되 겸손함을 잃지 않는 것이 중요합니다. 자신의 의견을 당당하게 말하되, 상대방의 의견도 존중하는 태도를 보여주세요. 자신의 실력을 과시하거나 잘난 척하는 태도는 비즈니스 관계에 독이 됩니다. 능력이 뛰어나더라도 항상 겸손한 자세를 유지하세요.

외부 활동의 효과를 극대화하기 위해서는 활동 후 깔끔한 마무리가 필수입니다. 활동이 끝난 후에는 "오늘 정말 즐거웠습니다!", "덕분에 좋은 경험 했습니다"와 같이 짧게라도 감사의 메시지를 전달하세요. 이는 당신의 예의와 세심함을 보여주는 행동입니다. 만약 업무와 관련된 이야기가 오갔다면 이를 바탕으로 팔로우업을 진행하세요. 예를 들어, "부장님께서 말씀해 주신 부분 다시 정리해서 보고드리겠습니다"와 같이 구체적인 행동 계획을 언급하면 당신의 꼼꼼함과 책임감을 보여줄 수 있습니다. 이는 단순히 즐거운 시간을 보낸 것을 넘어, 당신의 프로페셔널리즘을 각인시키는 결정적인 순간이 됩니다.

상사들 회식 자리에서의 평가는 여러분의 업무 역량뿐만 아니라 태도, 인성, 그리고 조직 융화 능력까지 종합적으로 반영되는 경우가 많습니다. 외부 활동 역시 마찬가지입니다. 단 한 번의 활동으로 모든 것이 결정되는 것은 아니지만, 꾸준히 긍정적인 인상을 심어주는 것이 중요합니다. 골프, 등산, 달리기 등 회사 사람들과의 외부 활동은 단순히 술을 마시고 즐기는 자리가 아닙니다. 당신의 비즈니스 관계를 확장하고 숨겨진 잠재력을 보여줄 수 있는 황금 같은 기회입니다. 이곳에서의 예절과 태도는 당신의 품격과 센스를 보여주는 중요한 척도가 됩니다. 이 기회를 현명하게 대처하여 여러분의 직장 생활을 더욱 성공적으로 이끌어가시길 바랍니다.

임원이 주목하는 핵심

① 외부 활동은 인간적 매력과 품격을 보여주는 기회입니다.
② 사전 조사와 준비성으로 책임감 있는 모습을 보여주세요.
③ 겸손하고 배려하는 태도로 깔끔하게 마무리하세요.

팀장, 부장들이 평가하는
방법 미리보기

    혹시 상반기와 하반기마다 찾아오는 정기 평가가 그저 형식적인 절차라고 생각하시나요? 천만의 말씀입니다. 이 평가는 단순한 성적표가 아니라, 여러분의 회사 생활 전체를 좌우할 수 있는 아주 중요한 순간입니다. 팀장님과 부장님들은 가장 중요한 업무중 하나가 직원들의 평가 업무로서 상사들은 이 시기에 여러분의 업무 성과와 역량을 면밀히 들여다보며, 앞으로 어떤 역할을 맡기고 어떻게 성장시킬지 결정하죠. 이 평가는 여러분의 연봉, 승진뿐만 아니라 어떤 프로젝트에 참여할 수 있을지, 궁극적으로는 이 회사에서 여러분의 커리어 방향이 어떻게 흘러갈지까지 결정하는 나침반과 같습니다. 그렇다면 대체 상사들은 어떤 눈으로 여러분을 바라보고, 무엇을 기준으로 판단하며, 평소에는 여러분을 어떻게 관찰하고 있을까요? 지금부터 그들의 시선을 따라가 보겠습니다. 상사들이 여러분을 평가할 때 '그냥 열심히 했네' 같은 막연한 기준으로 판단하지 않습니다. 그들에게는 명확한 체크리스트가 있고, 여러분은 그 항목들 하나하나에 어떻게 점수를 받을지 경쟁하는 겁니다.

첫째, 눈에 보이는 성과입니다. 가장 먼저, 그리고 가장 중요하게 보는 것은 역시 업무 성과입니다. 여러분이 맡은 일을 얼마나 잘 해냈고, 그 결과가 회사에 어떤 직접적인 기여를 했는지를 따져 묻는 거죠. '목표를 달성했는가? 아니면 초과 달성했는가?', '보고서에 오타 하나 없이 완벽했는가, 아니면 재작업이 필요했는가?', '문제가 터졌을 때 우왕좌왕했는가, 아니면 침착하게 해결책을 찾아냈는가?', '같은 시간 안에 남들보다 더 많은 일을, 더 효율적으로 처리했는가?' 같은 질문들이 상사들의 머릿속을 스쳐 지나갑니다. 숫자와 결과로 말하는 냉정한 평가의 영역입니다.

둘째, 일을 처리 해내는 역량입니다. 성과만큼 중요한 것이 바로 일을 수행하는 '역량'입니다. 단순히 결과만 보는 것이 아니라, 그 결과를 만들어내기까지 여러분이 어떤 지식과 기술, 그리고 태도를 보여줬는지 평가합니다. '자기 직무에 대한 전문성은 얼마나 되는가?', '새로운 기술이나 지식을 배우려는 의지가 있는가?', '막연한 아이디어를 구체적인 기획으로 만들고, 그것을 실제 행동으로 옮길 힘이 있는가?', '쏟아지는 데이터 속에서 의미 있는 정보를 찾아내 의사 결정에 활용할 줄 아는가?', '최신 소프트웨어 활용 능력은 어느 정도인가?' 상사들은 이런 질문들을 통해 여러분의 잠재력과 현재 능력을 가늠합니다.

셋째, 함께 일하는 방식과 태도입니다. 아무리 개인 역량이 뛰어나도 혼자 일하는 사람은 없습니다. 그래서 협업 능력과 태도는 매우 중요하게 다뤄집니다. '동료, 상사, 다른 부서 사람들과 소통은 원활한가?', '다른 사람의 이야기에 귀 기울이고, 피드백을 기분 나빠하지 않고 받아들이는

가?', '팀 목표를 위해 기꺼이 나서서 돕고, 필요한 경우 자기 일을 잠시 미뤄둘 줄 아는가?', '맡은 일에 대해 주인의식을 가지고 능동적으로 움직이는가?', '힘든 상황에서도 불평불만 대신 긍정적인 에너지를 내뿜는가?', '새로운 것을 배우고 자신을 개선하려는 의지가 있는가?' 등, 상사들은 여러분이 조직 안에서 얼마나 조화롭게 어우러지는지를 꼼꼼히 관찰합니다.

넷째, 미래를 위한 잠재력입니다. 마지막으로 상사들은 여러분의 리더십과 잠재력을 평가합니다. 신입사원에게 당장 거창한 리더십을 요구하는 건 아니지만, 미래에 더 큰 역할을 맡을 수 있는 가능성을 엿보려고 합니다. '문제가 터지기 전에 미리 예측하고 대비하려는 습관이 있는가?', '어렵고 새로운 과제 앞에서도 주저하지 않고 도전하는가?', '아직 주니어임에도 불구하고 팀이나 동료들에게 긍정적인 영향을 미치고 있는가?', '새로운 지식이나 기술을 스펀지처럼 빠르게 흡수하고 업무에 적용하는가?' 이 항목들은 여러분이 얼마나 더 성장할 수 있을지, 회사의 미래를 함께 만들어갈 수 있는 인재인지를 판단하는 중요한 기준이 됩니다.

상사들은 여러분을 평가 기간에만 특별히 지켜보는 것이 아닙니다. 그들은 마치 스파이처럼, 평소 여러분의 사소한 행동과 업무 습관을 꾸준히 관찰하며 평가의 결정적인 근거를 마련합니다.

첫째, 일상 업무 속 흔적을 상시 보고 있습니다. 가장 중요한 관찰의 장소는 바로 여러분의 일상 업무입니다. '보고는 제때제때 하는가? 핵심은 명확하게 전달하는가? 질문하면 필요한 추가 정보는 바로바로 제공하는가?' 상사는 보고를 통해 여러분의 업무 진행 상황과 문제 해결 능력을 실시간으로 파악합니다. '업무 피드백을 받았을 때 반발하거나 핑계를 대지 않고, 다음 업무에 바로 반영하려는 노력을 하는가?', '작은 서류 하나라도 꼼꼼하게 처리해서 오타나 오류 없이 완벽하게 마무리하는가?', '약속한 마감 기한을 칼같이 지키는가? 혹시 늦어질 것 같으면 미리 상황을 공유하고 대안을 제시하는가?' 이런 사소한 습관들이 쌓여 여러분의 업무 능력과 책임감을 증명합니다.

둘째, 회의실과 협업의 순간입니다. 회의실도 중요한 관찰 포인트입니다. '회의에서 적극적으로 자기 의견을 말하는가? 아니면 그냥 조용히 앉아만 있는가?', '다른 사람의 이야기에 귀 기울이고 존중하는가?', '팀원들과 협력할 때 자신의 역할을 충실히 수행하고, 혹시 갈등이 생기면 먼저 나서서 조율하려는 노력을 하는가?' 상사들은 회의와 협업의 순간들을 통해 여러분의 소통 능력과 팀워크를 꿰뚫어 봅니다.

셋째, 비공식적인 자리와 뒷이야기입니다. 공식적인 자리 외에 비공식적인 자리에서도 여러분은 관찰 대상입니다. 앞서 이야기했듯이, 회식 자리에서의 여러분의 태도는 업무 외적인 모습을 보여주는 중요한 기회가 됩니다. 적극적으로 참여하는지, 예의는 갖추는지, 대화 내용이 긍정적인지 등을 주의 깊게 봅니다. 또한, 회사 내 동호회 활동이나 자발적인 학습 그룹 참여 등을 통해 여러분의 주도성이나 잠재력을 엿보기도 합니다. 그리고 무엇보다 중요한 것은 동료들의 평판입니다. 상사들은 여러분에 대한 동료들의 솔직한 '뒷이야기'에도 귀 기울입니다. 동료들로부터 '함께 일하기 좋은 사람', '성실한 사람', '도움을 아끼지 않는 사람'이라는 평가를 받는 것이 매우 중요하죠. 심지어 예상치 못한 문제가 발생했을 때 당황하지 않고 침착하게 대응하려는 모습, 책임감을 가지고 해결하려는 노력 등 위기 대응 능력 또한 상사들이 유심히 지켜보는 부분입니다.

> **임원이 주목하는 핵심**
> ① 상사는 성과와 역량, 태도, 잠재력을 종합 평가합니다.
> ② 평소 업무와 비공식 자리에서의 행동을 관찰합니다.
> ③ 좋은 평가는 꾸준한 노력과 신뢰 관계에서 나옵니다.

에필로그

진짜 회사 생활은
지금부터 시작이다

첫 출근의 설렘과 막막함, 그리고 오늘까지 걸어온 시간들. 이 책을 덮는 지금, 여러분의 마음속에는 어떤 감정들이 교차하고 있을까요? 이 책이 단지 머릿속 지식으로만 남는다면 아무 의미가 없습니다. 진짜 회사 생활은 이 책을 덮는 바로 이 순간부터 시작되기 때문입니다.

직장이라는 거대한 톱니바퀴 속에서 우리는 때로는 길을 잃고, 때로는 좌절을 경험할 것입니다. 예상치 못한 문제에 부딪히고, 부당한 괴롭힘이나 갑질에 상처받을 수도 있습니다. 하지만 기억하세요. 진짜 보호막은 바로 여러분 자신입니다. 직장 내 부당한 상황에 맞서는 가장 강력한 무기는 다름 아닌 '나의 능력'입니다. 스스로의 역량을 키우고, 성과로 인정받는 직원이 되면 그 누구도 여러분을 함부로 대하거나 괴롭힐 수 없습니다. 탁월한 업무 능력은 당신의 존재 자체를 단단하게 만들어주고, 주변 동료와 상사에게 '함부로 건드릴 수 없는 사람'이라는 인식을 심어줍니다. 이처럼 능력을 기반으로 한 자신감은 어떤 어려움 속에서도 당신을 지켜줄 든든한 방패가 될 것입니다.

이 책에서 배운 모든 지혜는 여러분의 가치를 높여줄 가장 든든한 무기가 될 것입니다. 우리가 나눈 이야기들은 단순히 '일 잘하는 법'을 넘어섭니다. 그것은 신뢰를 쌓고, 책임감을 발휘하며, 협업으로 시너지를 내고, 궁극적으로는 성과로 인정받는 방법이었습니다. 스스로의 가치를 증명하는 이 모든 과정들은 여러분을 행복한 직장인, 그리고 궁극적으로는 승진하는 리더로 만들어 줄 것입니다. 좋은 평가를 받기 위해 평소에 꾸준히 노력하는 것, 그리고 상사와의 인간적인 신뢰 관계를 쌓는 것은 당신의 커리어를 한 단계 더 높여줄 것입니다.

진정한 프로는 주어진 일만 하는 사람이 아닙니다. 자신의 업무를 통해 팀과 회사의 목표에 어떻게 기여하는지 이해하고, 스스로 문제를 찾아 해결하려는 주도성을 가진 사람입니다. 이 책에서 이야기했듯, 이러한 주인의식과 적극성은 단순히 일을 잘하는 것을 넘어, 당신을 대체 불가능한 인재로 만들어 줄 것입니다. 매일의 작은 노력이 쌓여 거대한 성과를 만들어내고, 그 성과는 당신의 가치를 증명하는 선순환을 만들어낼 것입니다.

여러분은 혼자가 아닙니다. 이 책의 모든 팁과 노하우를 바탕으로, 지금부터 여러분만의 성공 스토리를 써 내려가세요. 책상 위 작은 메모지, 동료와의 한마디 대화, 그리고 작은 성공 하나하나가 모여 여러분을 성장하게 할 것입니다. 이 모든 과정이 결코 쉽지만은 않겠지만, 여러분의 열정과 노력은 반드시 빛을 발할 것입니다. 이 책이 여러분의 힘난한 여정 속에서 든든한 나침반이 되어주기를 바랍니다.

여러분의 빛나는 미래를 향한 도전을 진심으로 응원합니다. 세상에서 가장 멋진 당신의 이야기가 눈부시게 빛날 그날을 기대합니다.